佐伯式

艶肌《つやはだ》術と心磨き

佐伯チズ
Saeki Chizu

さくら舎

はじめに

この世の中では日々、数えきれないほどの美容法が生まれては消えていきます。

そんな中で唯一私が人と違ったのは、「キレイになってと唱《とな》えなさい」「大切なのは心の美容液よ」と、化粧品を塗ることではない、**「心」にスポットを当てて美容を説いてきた**ことです。

最初は「このオバサンは何をいい出すんだ」「ミラクル系か？」と思われた方もいるかもしれません。

けれども、佐伯式ケアがじわじわと全国に浸透していくと、「本に書いてある通りに心を込めてお手入れしたら、本当にキレイになった」「お金をかけずに手をかけて、肌を蘇《よみがえ》らせる方法を教えてくれた」と喜びの声が私の元へ舞いこむようになったのです。

肌がキレイにならないのは、化粧品のせいでも何でもありません。自分を粗末にしてきたからです。もっと自分を大切に、慈《いつく》しむこと。そうすれば欠点ではなくいいところが見えてきて、それを長所にすることができます。

そして自分を慈しむ心は、おいしいものを食べること、キレイなものを見ること、感謝の気持ちをもつこと、恋をすること……いろいろなものがひとつになって生まれるのであり、心が伴うことではじめて化粧品を使ったお手入れが生きてくる。だから、「肌だけを見ていてはダメよ」「五感をうるおわせるのよ」ということを私はみなさんにお伝えしてきました。

ただ年齢を重ねると、心を入れるどころか鏡に向かう機会すら減っていく方が増えてきます。けれども私はそういう世代の方にこそキレイになっていただきたい。**キレイを諦《あきら》めないでほしい。肌はいくつになっても生まれ変わることができる**のですから。

「美しい50歳がふえると、日本は変わると思う。」

今から20年以上前、化粧品のコマーシャルでこんなキャッチコピーを目にしました。まだアンチエイジングや美魔女といった言葉も叫ばれていない、50歳なんてもう女じゃないというのが世の風潮だった時代です。

けれどもオープンカーに乗って髪をなびかせ、まっすぐに前を見ている女性の映像には、新しい時代の到来を予感させる、抜群のすがすがしさと強さが漂っていました。

そして今、「この年で今さら美容なんて」「この年齢で恋愛をするなんてみっともない」という空気から、「いつまでも美しく、女であり続けたい」というように、女性の価値観は変わりつつあります。60歳になっても70歳になってもキレイでいられるんだ、輝いていていいんだと。

そんな大人の女性たちを応援したいという気持ちを込めて綴ったのが、この本です。基本の佐伯式ケアから、キレイをつくる習慣や心の持ち方まで、私が56年間にわたる美容人生の中で培《つちか》ってきたもののすべてを、ぎゅっと凝縮してご紹介しています。

「正直、化粧品をつける順番もよくわからない」「今さら美容液の役割なんて聞けない」

といった方も多くいらっしゃると思います。でもむずかしいことはさておき、まずこれだけは覚えておいてください。

肌づくりにおいて大切なのは、艶《つや》を意識すること。そして心を磨《みが》くこと。極論をいえば、この2つが満たされていれば、女性はいつまでも輝き続けることができます。

まさに日本を元気にしてくれるような、素敵な大人の女性がもっともっと増えますように。これが私にとっての大きな願いです。

Contents

第2章 大人の肌は艶が命！「佐伯式・艶肌術」教えます

第3章　さらなる「艶」を目指す！

第4章 「キレイ」をつくる5つの法則

第5章 いつまでも美肌！

佐伯式

Saeki Chizu

艶肌《つやはだ》術と心磨き

第1章

年を重ねましたが、老けてはいません。

肌づくりは50代からが断然楽しい

「わー、お肌がキレイですね」

初めてお会いした方に、こんな言葉をかけていただくことがあります。キレイの前に必ず「お肌が〜」がつくのですが……。

どんなに目鼻立ちが整っていても、肌がパサパサでは魅力が半減してしまいます。かたや50歳をすぎていても、肌がツヤツヤしていれば、その人をパッと見たときに、「キレイ」という言葉が反射的に出てくると思うのです。

それほどまでに、**肌が人に与える印象というのは大きい**もの。

年齢を重ねて、肌のハリや艶《つや》がなくなっていくのはごく自然なことです。これは誰にも平等にやってくる加齢現象ですから。ただそれを、指をくわえて見ているのと、少しでもキレイでいたいと思ってお手入れをするのでは、肌のたたずまいがまったく違ってきます。

私は女性の50代を「**もう一度の世代**」と名づけました。

若いときに家事や子育て、仕事を抱え、苦しいことがあっても歯をくいしばってがんばってきて、やがて子どもも大きくなり、ようやく自分と向き合う時間ができるのが50代。もう一度、自分に磨《みが》きをかけるベストタイミングではないでしょうか。

まだまだ体力もありますから、ダンスやピアノなどの習いごとを始めたり、特技を生かして事業を始めたり、少女のころに戻って、もう一度好きなアイドルのおっかけを始める方もいるかもしれません。

その一方で、「孫もいるし、もう年だから」「私なんて、今さら無理ですよ」と、静かに現役を去っていく人もいます。そういう意味では、50代というのは、輝きを増していく人と、そうでない人の差が大きく開く年代ともいえます。

肌という点でいえば、うっすらとしていたシミが存在感を増してきたり、額《ひたい》や口元のシワが深くなってきたり、ちょっと夜更かしをすると肌がくすんだり。若いころには顔を洗うだけでピンとしていた肌が、いうことをきかなくなってくる。

だからこそ、お手入れのしがいがあるのです。

そして、**やった分だけ結果が出るのが肌づくりの楽しいところ。花を育てるように毎日せっせとお水や栄養を与えて、「キレイに咲いてね」と愛情を注げば、肌は必ず変わっていきます。花開いてくれます。**

しかし多くの人はそれを待てずに、欠点をメイクで隠したり、あるいは経済力に任せてプチ整形に走るといった「即効性」に吸い寄せられてしまう。

でもそれらが叶《かな》えるのはあくまでも一時的な美です。日々のお手入れで育《はぐく》む肌は、一生モノ。まさに、キレイな素肌は誰にも奪うことのできない女性の財産であり、それに人々が気づいたからこそ、化粧品バブルと呼ばれる現象も生まれたのです。

「せっかく女性に生まれたのだもの。キレイにならなきゃ損よ！」

トークショーなどで全国各地を回りながら、私はことあるごとにこう唱《とな》えてきました。それはプチ整形をしなさいということではなく、**自分の手で責任をもって肌を育てなさい。そうすれば世界が変わりますよ**というメッセージなのです。

そして確かに正しいお手入れで肌がキレイになると、それが自信につながって表情や服装まで変わり、決して大げさではなく人生まで変わります。事実、私はこれまでにそういう方を何人も見てきたのですから。この快感を、「もう一度の世代」の方たちにも味わっていただきたい。

これまでお手入れをせずにほったらかしだった人は、まず肌に謝って。

さぁ、始めましょう！　本当のスキンケアを。

「美しく老いる」ために

若さがことさらもてはやされるこの国では、「老醜」という言葉があるように、年をとることは何やらよくないことのように思われるきらいがあります。

けれども私は、20代のころには早く30代に、30代のころには早く40代になりたかった。それは身近に素敵な年上の女性、人生の先輩がいたからかもしれません。

とくに20歳で出会った美容家の牛山《うしやま》喜久子《きくこ》先生は、おしゃれでセンスがよく、先生のことを知るにつれ、「本当の大人の女性とは、こういう人のことをいうんだ」「自分もこんな年の重ね方をしたい」と思うようになりました。

だから私は、年をとることを悲観したことがありません。

もちろん年齢とともに肉体は衰《おとろ》えていきます。肌にはシミやシワが増えてきます。けれども、それらはいくらでも自分の手で克服することができますし、そもそも私はシミやシワといった加齢のサインを否定するつもりはまったくありません。

たとえば、いつもニコニコと笑顔を絶やさないお豆腐屋さんのおばさんの目尻には、たくさんの小ジワが刻《きざ》まれているかもしれない。

世界を相手に戦ってきたテニスプレーヤーなら、たっぷりと紫外線を浴びた痕跡《こんせき》が顔じゅうにあってもおかしくない。

でもそれは、欠点ではなく勲章。これまで一生懸命に生きてきた証《あかし》です。

そして何十年もかけて練《ね》られたビンテージの肌には、若い肌には逆立ちしても手に入れることができない、情緒というものがあります。枯れてくるものは枯れてくるけれど、年をとることは本当に美しくすばらしいこと。そう信じて私は生きてきました。

ところで、「老いる」と「老ける」は別物だということをご存じですか。

「老いる」というのは年をとって高齢になることを指します。一方、「老ける」は年齢よりも年をとって見えること。つまり、老いてもキラキラしている80代もいれば、20代で老けこんでしまっている人もいる。だったら**現実を丸ごと受け入れて、美しく老いましょうよ**というのが私の提案です。

私自身、還暦をすぎてから一冊の本を出版したことがきっかけで、予想もしなかった第二の人生がスタートしました。

ほぼ休みなしのハードな生活が続きましたが、定年退職をしましたからもう組織から縛られることもないし、**美肌師・佐伯チズ**として仕事の依頼が来ることが本当にうれしかった。私はどんどん新しいことにチャレンジして、夢を叶えていきました。

そして自分の肌のお手入れは、これまでとまったく変わらず。メディアに出るようになったからといって、若づくりをしようだなんて考えたこともありませんでした。

しかし、そのうちに周囲の方たちから「出会ったころより若くなっている」「艶っぽさが増した」といっていただけるようになったのです。

不思議なもので、力ずくで若さを取り戻そうとすると若さは遠ざかり、若く見せようだなんて考える暇もないぐらい何かに熱中している人は、いつまでもピュアでいられます。美しさというのは、表面を取りつくろうことでは決してなく、究極的にはその人自身が輝いていること。年齢は関係ないのです。

世の中を見渡せば、いかに時計を巻き戻して若さをキープするかといった機能を謳《うた》う広告があとを絶ちません。けれども**私が目指したいのは、アンチエイジングではなくビューティーエイジング。老醜ではなく「老春」です。**いつだって今が人生の春だと思えばキレイでいられるし、それが周りの人も幸せにします。

人生百年時代。自分のために、家族のために、「美しく老いる」というのは、ひとつのキーワードになってくるのではないでしょうか。

肌悩みの8割は人生相談

60歳をすぎて美肌師として活動を始めると、意外なオファーが私のもとへ舞いこむようになりました。

スキンケアのアドバイスだけではなく、人生相談の回答をしてほしいというのです。最初は、「肌のことならともかく、人さまの人生の相談なんて乗れるかしら」と思いましたが、始めてみるとこれがおかげさまで好評で、雑誌「グラツィア」の「肌にも効く人生相談」は丸2年、ラジオ大阪の「佐伯チズのお話ししましょ」は3年続き、その後も人生相談を扱うラジオ番組等に多数出させていただきました。

思えば私は、ずいぶん前からたくさんの人生相談を受けていたのです。

化粧品会社に勤めていたころ、サロンでのお手入れ中はもちろん、スキンケア相談会などで全国各地を回って女性の肌に触れる中で、たくさんの悩みを聞いてきました。

「あら、お肌どうしたの？」

「実は……」

そんなやりとりをしているうちに、いつしか職場の不満、恋愛のもつれ、親との確執など、胸につかえていたことが噴き出して、その場で泣き出してしまう方も少なくありません。そういった女性に出会うほどに私が確信を深めていったことは、肌に悩んでいる人の多くは人生に悩んでいるということです。

みなさんにも経験があると思います。人間関係のストレスであごに吹き出物が出たり、気分がふさぎこんでいるときは顔色も今ひとつだったり。そんなときはどうしても自分にやさしくなれない。肌のお手入れもおろそかになってしまいます。

そういう意味では、**心のケアというのも美容の大切な要素**といえるでしょう。

通常、フェイシャルエステというとカウンセリングを含めて所要時間は1~2時間といったところですが、私のサロンではたっぷりと2時間半かけて行います。日常をすべて忘れて、存分にくつろいでいただくことで、肌を整えるだけでなく心の荷物も下ろして帰っていただきたいからです。

2時間半のトリートメントを終えると険しかった表情が一転、鏡を見て「私、こういう顔になりたかったんです」とニコッと微笑まれる女性がいます。そのときの表情の美しいこと。私がこの仕事をしていて本当によかったと思う瞬間です。

もっともサロンに足を運ぶことができなくても、自分自身でセラピーをすることは可能です。世界１００ヵ国以上で女性の肌を癒《いや》してきた、神の手の持ち主といわれるカリスマ・エステティシャン、ローズマリー・カスターノさんと雑誌の企画で対談をさせていただいたとき、彼女はこんなことをおっしゃっていました。

「**トリートメントは肌やボディを美しくすると同時に、魂を美しくするもの**」だと。

心が元気を失うと肌もしぼみますが、その肌に手をかけてあげることで心に活力が戻ってくることがあります。

ふと気持ちが沈みそうになったとき、「お疲れさま」という気持ちを込めて、いつもより少し多めに時間をとり、自分の肌を慈《いつく》しむように丁寧《ていねい》にお手入れをしてみてください。心が浄化されるような瞬間を味わうことができるでしょう。

肌を愛することは、自分を愛すること。そして肌のお手入れは、いつでも簡単にで

きる、もっとも身近なセルフセラピーでもあるのです。

ちなみにクリスチャンディオールでインターナショナル・トレーニング・マネージャーをしていたころ、私は百貨店でのカウンターを挟んだ化粧品の対面販売を廃止し、「お客様の椅子の後ろに回り、両肩に手を置いて鏡を一緒に見なさい」と後輩たちに指導しました。こうすることでぐっと距離感が縮まり、お客様が心を開いてくださるのです。

お客様は肌だけでなく心の悩みも抱えていることが多いもの。だから、化粧品を売ることよりもまずリラックスしていただくことを心がけました。

母が証明してくれた、「80歳になっても肌は若返る」

「50代、60代でお手入れを諦《あきら》めてしまうなんてもったいない。どんなに年齢を重ねても、肌はキレイになります」

「これまでほったらかしにしてごめんねと謝って、今日から正しいお手入れを始めてください」

美肌セミナーなどでこのようなことをいい続けてきた私ですが、自信をもってそう唱えることができるのには理由があります。

今でこそ「肌にとって、紫外線は百害あって一利なし」などと、紫外線対策の大切さがあちこちで取りあげられていますが、私が学生のころは、日焼けというものに対してまだ人々がおおらかで、母子手帳にも日光浴を推奨する記述がありました。

けれども私は身近にいる母の姿を見て、中学生ながらに「肌を日に焼いてはいけない」ということを察知していたのです。というのも、母は今でいうガーデニング、土いじりが大好きな人でした。暇さえあれば庭で花の手入れをしていたので、顔は一年じゅう真っ黒。頬には無数のそばかすがあり、まだ30代だったのにシミやシワがひどくて肌がとても汚かった。

それが反面教師となって、私は紫外線を避けるようになりました。

当時の私の憧《あこが》れは女優のオードリー・ヘプバーンですから、なんとしても、澄んだ肌を手に入れなければなりません。

母の遺伝なのでしょうか、当時、私の頬にもそばかすが鎮座《ちんざ》していました。「ドリス・デイみたい」「そばかす美人」……そのころ日本でも人気を博していたアメリカの女優を引き合いに出し、周りからこういわれましたが、「そばかすは余計やわ。ただの美人がいい」と内心憤慨。

徹底的な日焼け対策と朝晩の温冷ケアで、見事そばかすの撃退に成功したのです。


さて、ガーデニング好きの母ですが、晩年に食道がんを患《わずら》い室内で過ごすようになると、あの真っ黒だった肌に変化が表れはじめたのです。

私が母にしてあげられることはそんなにありませんでしたが、体をゆっくりとさすり、ホットタオルを顔に当てたり、頬にちょんちょんとオロナインを塗ってあげていると、どんどん顔が白くつややかになってくるではありませんか。

「あれ？　お母さんの肌ってこんなにキレイだったの？」

もはや私が知っている母ではない、驚くほど澄んだ肌がそこにはありました。

そして、驚きはやがて感動に変わりました。

「80歳になっても、がんになっても、肌はちゃんと生きている。人間の体ってすごい」


この経験は、私に大きな勇気を与えてくれました。

主人を亡くしたあとに肌地獄を味わった自分の経験からも、お客様の肌をお手入れさせていただく中でも、ボロボロになった肌を自らの手で蘇《よみがえ》らせることができるのは理解していたのですが、それがさんざん日焼けをしてきた80代にも通用するかどうかはサンプルがなかった。けれどもそれが今、目の前で起きているのです。


肌は死ぬまで活性化している。

私の仮説を確信に変えてくれたのは、皮肉なことに、私に「ああはなりたくない」と思わせた母の肌でした。

そして2003年、母は84歳で他界しました。

奇《く》しくもそれは、私がクリスチャンディオールを定年退職し、美肌師として第二の人生をスタートさせた年。奔放に生き、身内には「子不幸」とまでいわれた母ですが、あの世に旅立つ直前に、身をもって私に大切なことを教えてくれたのです。

1日1回、ハグのすすめ

「みなさん、60歳をすぎたら1日に1回でいいから、大切な人にハグしませんか？」

昨年、ある新聞社が主催するトークイベントに出演させていただいた私は、会場に集まった方たちにこんなことを呼びかけました。

すると男性陣はうつむくばかり。

その中で、ひとりの奥さまがすっくと立ちあがり、「主人がしなくても、私のほうからしてみます！」と、笑顔でいってくださったのです。

「50代はもう一度の世代」と、私は先にお伝えしました。お子さんの手も離れて、夫婦だけで過ごす時間も増えてくることでしょう。だからぜひもう一度、新婚時代を思い出して仲よくしてほしいのです。

それは私の叶わなかった夢でもあります。

私は41歳のときに最愛の人を亡くしましたが、生前はよく主人と将来の夢を語り合っていました。「定年を迎えて自由な時間ができたら、山の中の小さな家でのんびり暮らしたいね」「平屋で、囲炉裏か暖炉がある家がいいね」「台所は小さくていいから、お風呂をぜいたくにしよう」「そして土間には犬や猫、ニワトリがいて」……。

主人は車が趣味で、しょっちゅう2人で旅行をしていたので、「ドライブをしながら全国各地を回ろうね」とも話していました。

しかし、その夢が現実となる日は来ませんでした。だから私は、年をとっても仲睦《なかむつ》まじいご夫婦を見るのが幸せなのです。かつて洗剤のコマーシャルで見た、手をつないで楽しそうに歩いている老夫婦の姿が、まさに私たちの憧れだったのですから。

では、なぜハグなのか？

それは皇太子妃美智子様（現在の上皇后美智子様）が、まだ幼い浩宮様（現在の天皇陛下）を日本に残して初めて公式渡米される際、侍従《じじゅう》らに託されたというノートの内容にちなんでいます。このノートは育児に関する細かな申し送りを綴ったもので、のちに「ナルちゃん憲法」と呼ばれてたいへんな話題になりました。

そこに書かれていたのが、「1日1回くらいはしっかりと抱いてあげてください。愛情を示すためです」という「条文」。お母さんがいなくても浩宮様が寂しい思いをすることのないよう、抱くことで「あなたのことを大好きな人がたくさんいるのよ」というメッセージを表すよう、侍従らにお願いされたそうです。

このエピソードが強烈に頭に残っていたのでしょう。24歳で結婚生活を始めるにあたり、私は「朝のチューと1日1回のハグをさせてね」と主人に約束してもらいました。

のろけに聞こえてしまうかもしれませんが、片時も主人と離れていたくない私は、家にいるときは横にべったり。下手をするとお手洗いにまでついて行きかねない勢いで、「暑苦しいからちょっと離れなさい」と主人にたしなめられるほどでした。

だから私たちは一度も喧嘩をしませんでした。

結婚17年目に主人は天国に旅立ちましたが、私は毎日、朝一番のお水と季節のお花を霊前に供えて主人に挨拶をしますし、雑誌の取材などでたくさんの方が自宅にいらした日は、「今日は女性がいっぱいで賑《にぎ》やかだったでしょう?」などと声をかけたりしています。

そして出張するときも主人のお舎利《しゃり》さん（のど仏の骨）を入れた小さな数珠《じゅず》袋と写真を持ち歩き、枕元に置いてその日の話をするのです。

だからみなさん、こんなふうにおっしゃいます。「チズさんはひとりの気がしない」と。そうなのです、今でも主人は私の中で生きているのです。


日本人はシャイですし、スキンシップがあまり得意ではないかもしれません。でも、せっかくご縁があって一緒になったのだもの、ぜひとも**ハグという目に見える形で、大切な人へ愛情を伝えていただきたい。**

それが夫婦円満の秘訣にもなるし、ご主人から大切にされているという幸福感は、女性をより魅力的にしてくれると思うのです。

細かいことは気にしない

お客様の目を見て、笑顔で頭を下げることもできない。「よろしくお願いいたします」と私が挨拶をしているのに、足を組んだままの姿勢で知らん顔。

言葉を選ばずにいうと、ほぼ野放し状態だった美容部員たちを一から教育すること、そのための完璧なマニュアルを3年でつくりあげること。これが1988年、クリスチャンディオールのインターナショナル・トレーニング・マネージャーに就任した私に与えられた使命でした。

連日にわたって行われる朝9時半から夕方5時までのトレーニング。それが終わると即デスクに戻ってマニュアルづくり。とにかくやることが山積みで、最初の1年は朝8時に出社して会社をあとにするのは夜中の1時、2時という日々。しまいには血尿が出てしまいました。


最大600名にのぼる美容部員の教育を任されていたこのころ、それはもう叱るのが私の仕事のようなものでした。でもいうべきことを一気に話したら、それでおしまい。次の瞬間には「サツマイモ食べる?」などと何事もなかったかのように話しかけるものだから、叱られたほうがポカンとしていることもしばしばでした。

私はひとつのことに熱中すると、周りが見えなくなってしまうタイプ。その代わり、過去のことをぐずぐずと引きずるのが好きではありません。

また、人とつるんだり、いわゆる女子会的なものも得意ではないので、会社員時代は同業者に友だちはもたず、どうしても出席しなければならない会社の飲み会は、一次会だけ顔を出したら「あとはこれで楽しんで」と、渡すものだけ渡して帰るのが常でした。

そんな調子ですから、私にはストレスというものがないのです。

ストレスは心だけでなく肌をも枯らしてしまいますから、こんな私の性分は、少なからず美容にも影響しているのかもしれません。

ストレスの大半は人間関係から生まれると聞いたことがありますが、やはり人の顔色をうかがってばかりの人生は窮屈だと思います。

私のモットーは、「人と比較しない」「人に過剰な期待をしない」「人の言葉に流されない」。50年もがんばって生きてきたのですから、少々義理を欠いたとしても、自分らしく好きなように生きればいいのではないでしょうか。

食べることが大好きな私は、おいしい栗のお菓子があると聞けば、電車を乗り継いでいそいそと遠方まで買いに出かけ、都内にいても、次の予定までに少し時間が空くと、「あそこのお蕎麦《そば》屋さんに行かない？」と、スタッフを誘って老舗《しにせ》のざる蕎麦を楽しんだり。

また会社員時代、嫌なことがあるとよく駆けこんだのが百貨店です。ファッションからインテリア、生活雑貨、コスメ、食品まで、あらゆるものが揃っている百貨店は、最新のトレンドを知るのにも最適な場所。

店内に入る前にショーウィンドウをチェックしたら、最上階から地下のお惣菜売り場まで、1フロアずつダーッと回るのです。ただそれだけなのですが、「今年はこんな色のコートが流行《はや》っているのね」「素敵な便箋があったから買って帰ろう」など、情報収集と気分転換が一度にでき、お店を出るころには頭もすっきりとしています。

そして、私の特技ともいえるのが、どこでも眠れること。

新幹線や飛行機での移動中はもちろん、サロンでも次のお客様が見えるまでに20分もあれば、「ちょっと寝るからよろしくね」とスタッフに告げて、ささっと仮眠。とにかく頭で考える前に体が動いてしまう性質で、本能に逆《さか》らわないから疲れもたまらないのです。

自分の周囲を見回してみると、いつもフレッシュで若々しい女性というのは、意外とサバサバしている人が多いように感じます。

よく食べ、よく寝て、よく動き、よく笑う。そして細かいことは気にしない。こういう何ということのないこと、でも**体や心が喜ぶことが自然にできている人は、何だか肌もピンピンしている**のです。

たとえ嫌なことがあっても、ひどく落ちこんでも、朝が来れば鼻歌をうたいながらトントンと大根を刻んでいる。そんな女性が、「いい女」だと私は思います。

すべての人が美人の要素をもっている

その女性は、私の顔を見るなり泣き出してしまいました。

「自分は肌も汚いし美人でもない。いいところがひとつもない」「自分の顔が大嫌い」だと。

ひとしきり彼女の話を聞いたあと、私はこういいました。

「何をいっているの、あなた。自分の顔を鏡でよく見てごらんなさい。こんなにキレイな歯をもっているじゃない。みんな歯が気になって大きな口を開けて笑えないの。ご両親に感謝よ」

すると彼女、きょとんとしてこういいます。「そんなこと、いわれたことがないです」「それはあなたが自分の欠点しか見ていないから。みんなはあなたの歯を見て、うわー、キレイって思うの。だから泣いていないで笑ってみて」

私がそういうと、彼女は気持ちが楽になったのか、にっこりと私に向かって微笑んだあと、「これからは歯を大事にします。ありがとうございます」といって、帰っていかれました。

おそらくこの世に、コンプレックスがない女性などいないのではないでしょうか。

私が絶世の美女と崇《あが》めるあのオードリー・ヘプバーンでさえ、たくさんのコンプレックスに悩まされていたといいます。やせている、胸がない、足が大きい、歯並びが悪い、エラが張っている……。これらはすべて彼女が抱えていたコンプレックスです。

デビューしたてのころは、胸に詰め物をしたこともあったそうですが、オードリーの出現によって、「美人女優といえばグラマラスな肉体の持ち主」というそれまでの常識が一変します。つまり、**コンプレックスは武器にもなり得る**ということなんですね。

オードリーと並べるのはおこがましいのですが、かくいう私もコンプレックスのオンパレードでした。中でも20代のころから目立つようになった白髪は、黒く染めてもすぐに生えてくるので大きな悩みの種だったのです。

ところが、主人の転勤で2年間暮らしたアメリカは人種のるつぼ。肌や瞳の色も、髪の色も人それぞれで、それを個性として尊重している。白い髪だからといってジロジロ見る人はいません。それで私はふっきれて、白髪を染めるのをスパッとやめてしまいました。

ただ、年齢とともに白髪は黄ばんでくるのです。それで紫色のカラーリンスを買って自らお風呂場で染めるようになったら、いつしかそれが私のトレードマークになってしまった。人生、何がどう転ぶかわかりません。


本人が欠点だと思っていることが、その人のチャームポイントになっているということは、オードリーではないけれど、しばしばあります。それを長所ととるか、短所ととるかは主観の問題で、私はすべての人が美人の要素をもっていると思っています。

肝心なのは、長所も短所もきちんと見つめて、自分の持っているものでキレイになる努力をすること。事実、私はそうしてきました。


中学生のころ、仏様のような細くてはれぼったい目が嫌だった私は、毎日鏡を見ながらまぶたの脂肪を指で散らしていました。そうしているうちにだんだん目元がすっきりしてきて、あるとき奥二重が完成していました。

また大人になってからは、足首をどうしても引き締めたくてスポーツ用のリストバンドをはめてみたり、ウエストのくびれをつくるために腰に特製ゴムを巻き、ウエスト60センチをキープすることにも成功しました。

少々荒技《あらわざ》なので、みなさんにはあまり真似をしてほしくないのですが、執念ってバカにできません。持っているもので十分にキレイになれるのです。

努力次第で、理想の顔と体は手に入れることができる。

経験的にそれを知っている私は、スキンケアにおいても「漫然とやらないでね」といってきました。クリームひとつ塗るにしても、顔をリフトアップしたいという気持ちがあれば、おのずと手は上へ上へと動くはず。

意識と無意識はまったく違うのです。だから、あのチコちゃんが発する、「ボーっと生きてんじゃねーよ！」という言葉が、私にはビンビン響きます。

みなさんも、なりたい顔があるのなら、いつでもそれに向かって突き進んでください。そして長所も短所もしっかりと受け止めて、あなたの「キレイ」を引き出してください。そのためのヒントはいくらでもご用意していますから。

第2章

大人の肌は艶が命！「佐伯式・艶肌術」教えます

艶さえあれば！ 20万人の肌を見てきた私の結論

チズタッチ。

いつのころからか、どこからともなくこんな言葉がささやかれるようになりました。手が何よりの仕事道具である私は、講演会などに来てくださった方々と握手をすることは残念ながらできないのですが、「お顔、触っていいですか？」という方には、どうぞどうぞといって触れていただきます。これがチズタッチ。

するとみなさん、一様に目を丸くしてこうおっしゃるのです。

「うわー、ぽちゃぽちゃしてお豆腐みたい」「チズさん、なんでそんなツヤツヤなの？」なかには「食べちゃいたい」なんていう方までいて、こちらが赤面してしまうことも。何かご利益《りやく》でもあると思ってくださっているのでしょうか。今や「チズタッチ」は講演会や著書のサイン会でのちょっとした恒例儀式のようになっています。

正直にいうと70代の私の肌には、小さなシミやシワ、たるみもあります。でもこれは、がんばってこれまで生きてきた証《あかし》。だからメイクで隠すということはしません。

また、「還暦をすぎてこの肌はおかしい」と首をひねる方もいましたが、切ったり貼ったりということに私は興味がないので、プチ整形のお世話にもなっていません。

では何をしているかというと、とにかく私はスキンケアにおいてもメイクにしても、「艶《つや》」を意識しているのです。

艶というのはみずみずしさの表れ。私たちの体の約70％は水分だといわれますが、それが年齢とともに減ってくるから、「枯れて」いくのです。

逆にいえば、**艶さえあればいつまでも若々しく輝いて見える**。そして圧倒的な艶のもとでは、小さなシミやシワは簡単に吹き飛ばされてしまうのです。

だからまず、最大公約数である艶を手に入れましょう、というのが私の考え。毎日のスキンケアで艶を取り戻し、肌も心も生まれ変わった女性を私は何人も見てきました。そして**私自身、艶に集中したスキンケアで肌地獄から脱出した**という経験をもっています。いつの時代も、理想の肌の元は艶。大人の女性が目指すべきは、艶やかな肌なのです。

艶肌ってどんな肌？

ひとくちに艶のある肌といっても、どのような状態を指すのかピンと来ない方も多いと思います。残念ながら高級なクリームを塗っているだけでは、艶肌になりません。そこで私は艶肌を構成する要素を5つにまとめました。それが、**「うるおい」「なめらかさ」「ハリ」「弾力」「血色」**。それぞれの頭文字を取って、「うなはたけの法則」と呼んでいます。この5つが揃った肌には、おのずと艶が生まれてきます。

それぞれを簡単にご説明しましょう。

まず、「うるおい」のある肌は、水分をしっかり含んだプルプルの肌。うるおいが不足すると、目や口のまわりが粉っぽくなったり皮がむけたりします。うるおいをキープするためには、しっとり系の化粧品を選び、肌の水分を奪わないスキンケアや生活習慣を心がけます。

そして「なめらか」な肌は、水分と油分のバランスがとれた肌。皮膚が硬くてキメが粗い、なめらかさが足りないといった状態を生む原因は、多すぎる皮脂分泌です。

クレンジングやスクラブ洗顔で毛穴の汚れまでしっかりと落とし、水分と油分のバランスを整えていきます。

水分、油分、栄養分で満たされ、内から押しあげるような力があるのが「ハリ」のある肌です。ハリ不足の人はとくに油分が少ないため、しっとり感がなく小ジワが目立ちます。ハリのアップには、真皮と表皮の両面からケアする必要があります。

続いて「だんりょく」。弾力のある肌は適度な厚みがあり、指でつまんだときに分厚くつまめます。皮膚が薄く血管が浮いて見えるのは、弾力不足のサイン。美容液を使って真皮の活性を高めていきましょう。

最後は「けっしょく」。血色のよい肌は、透明感があってほんのりバラ色をしています。血色が悪いと肌がくすんで見え、とくに額《ひたい》が乾燥して肌が荒れやすくなります。表皮の古い角質をケアする他、マッサージで体内の巡りをよくすることも有効です。

艶肌の5条件のうち自分に足りないものが何かがわかれば、毎日のスキンケアがぐっと能動的なものになるはずです。次のページで「うなはたけ」のチェック方法をご紹介しますので、ぜひ鏡でしっかりと自分の顔を見て、そして肌に触れて、問いかけてみてください。

うなはたけチェック

艶肌の5原則「うなはたけ」。
あなたの肌に足りないものをさっそくチェック!

□ 手のひらに頬が張りつきますか?

親指を耳の付け根にあるくぼみに当て、顔を包みこむように手のひらを頬にピタッとつけます。ゆっくりと手を離したとき、手のひらに頬が張りついてくる感じがあれば、「うるおい」があるといえます。肌のうるおいが足りない人は、まずは朝晩のローションパックで徹底的な水分補給を。

□ 額と鼻にほどよい皮脂がありますか?

指の腹で押さえるように、鼻と頬に触れます。このとき、指先にほどよく皮脂がつけば「なめらか」な肌。皮脂の量が多い人は、肌が硬くてキメも粗いはず。1週間に一度のスクラブ洗顔で毛穴の汚れまでしっかり除去すると同時に、クリームで水分と油分のバランスを整えていきます。

□ 肌を軽く引っぱったとき、ピンとしていますか?

親指を耳の付け根にあるくぼみに当て、残りの指はこめかみに。軽く外側に引っぱったとき、肌がピンとしていれば「ハリ」のある肌。目元に縦や横のシワが寄る場合は、ハリがなくなっている証拠です。水分・油分・栄養分をバランスよく与えて、奥から弾むような肌を育てましょう。

□ 頬を分厚くつまめますか?

「だんりょく」のある肌は、指先で頬を分厚くつまめ、適度な痛みを感じます。一方、弾力のない肌は厚くつまめず、痛みも感じません。弾力は肌の表面だけではなく、真皮の状態が大きく関係します。美容液を使って、肌の土台となる真皮を活性化させていきます。

□ 目の下を手で往復すると温かくなりますか?

目の下に指を揃えて置き、目頭とこめかみの間を移動させながら2往復します。このとき、「けっしょく」のいい肌は、うっすらと温もりが感じられます。そうでない肌は角質が厚く、全体的にくすんでいるはず。血色のアップには、スクラブ洗顔や体内の巡りを促すマッサージが効果的です。

スキンケアは肌の食事

私はよくスキンケアを食事にたとえます。

クレンジングや洗顔で汚れを取ってリセットした肌に最初につける化粧水は、食前酒にあたります。ここで水分をたっぷりと含んで受け入れ態勢が整った肌に、美容液を送りこんでいく。大人の肌に欠かせない美容液は、「肌の栄養剤」ともいえるメインディッシュです。

そして締めくくりのデザートにあたるのがクリーム。化粧水で得た水分と、美容液で得た栄養分をしっかりと閉じこめつつ、肌表面の水分・油分のバランスをクリームで整えたら終了。朝のケアではこのあと、紫外線から肌を守るための日焼け止めクリームを塗ります。

これが佐伯式スキンケアの基本的な流れです。ちなみに化粧水は、手に取ってそのままつけるのではなく、水で濡らしたコットンに含ませて顔にピタッと張りつける。これが、**佐伯式スキンケアの代名詞ともいえる「ローションパック」**です。

佐伯式スキンケアの流れ

朝のお手入れは、
乾燥や紫外線から肌を守るための
「**予防**」のケア。
一方、夜は「今日もお疲れさま」と
肌を癒《いや》してあげる「**セラピー**」**のケア**です。
化粧品を顔に塗るときのポイントは、
ローションパックをしたら3分間おいて
美容液をつけるという具合に、
「咀嚼《そしゃく》タイム」をもうけること。
立て続けに塗ると肌の上で混ざり合い、
それぞれのパワーを発揮することができません。

朝

・洗顔
・ローションパック
・美容液
・クリーム
・日焼け止め

夜

・クレンジング
・洗顔
・ローションパック
・美容液
・クリーム

クレンジング：つけるよりも大切な「取る」ステップ

クリームや美容液にはこだわるのに、クレンジング剤や洗顔料は「どうせ水に流すものだから」と適当に選んでいる方は少なくありません。ここではっきりと申しあげておきましょう。スキンケアで大切なのは、つけることよりも取ることです。

汚れがきちんと落ちていない肌は、くすみやざらつき、シワなどが発生しやすくなります。それをメイクで隠そうとするからどうしても厚塗りになる。でもきちんと落とさない。その繰り返しで肌が呼吸困難に陥《おちい》ると、美容液を塗ってもスムーズに浸透せず、肌がどんどん乾燥していくのです。

とくに、「うるおい」や「なめらかさ」が足りない人は、何かをつけることではなく、まずクレンジングを見直してみてください。

ひとくちにクレンジング剤といっても、クレンジングオイルからジェルタイプ、乳液タイプ、クリームタイプなど、さまざまな種類があります。私が大人の女性におすすめしたいのは、**クリームタイプ**。油分と水分のバランスがいいので、肌の上でやさしく手を動かすうちに体温でほどよく溶けて、毛穴の汚れまできれいに浮かびあがらせてくれるからです。さらに、クレンジング剤をふき取った後に、ほどよいしっとり感が残るのも大人の肌にはうれしいもの。

さて、クレンジングを行うときにもっとも気をつけたいのが、力加減です。**「こんなソフトなタッチで汚れが落ちるの？」と感じるぐらいでちょうどいい**。私たちの表皮は、厚さわずか0・2ミリほど。こすったりたたいたりといった過激なことを肌は喜びません。汚れは力で落とすのではなく、体温で浮かびあがらせる。そのためにも量はケチらず、さくらんぼ大を目安にたっぷりと。

手のひらでクレンジングクリームを温《あたた》めたら、顔の丸みに沿ってV字を描くように、内から外へとやさしく手をすべらせながら、汚れを丁寧《ていねい》に落としていきます。

「何をつけても肌がキレイにならない」という人が、クレンジング方法を変えたら驚くほどつやつやの肌になったというのは、よくある話です。スキンケアの基礎の基礎、クレンジングの正しい方法をこの機会にぜひマスターしてください。

佐伯式クレンジング術

顔に手を密着させながら、ソフトなタッチで下から上へ。
すみずみまで汚れを丁寧に落とします。

1｜さくらんぼ大のクレンジングクリームを手のひらに取り、指先でくるくると混ぜて温める。

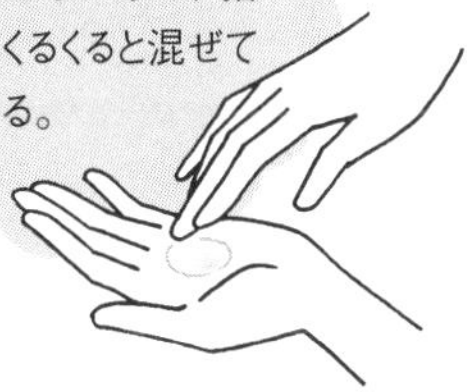

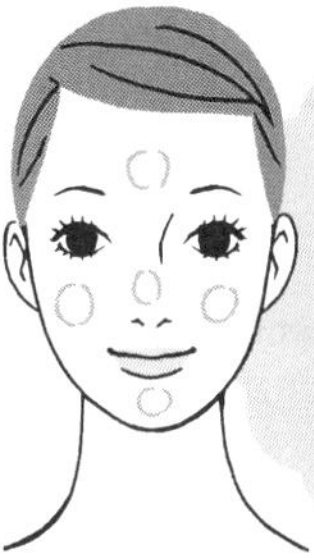

2｜右頬、左頬、額、鼻、あごの5ヵ所に、均等にクレンジングクリームを置く。

3｜唇の下に両手を揃えて置き、耳の付け根に向かって伸ばしていく。圧をかけすぎないように。

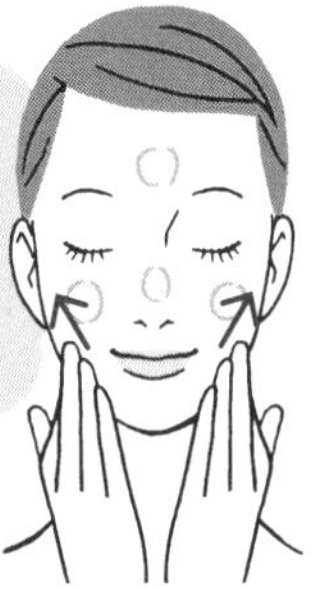

4｜小鼻の脇から横へ。広い面を使って、耳の前まで手をすべらせながらクレンジング。

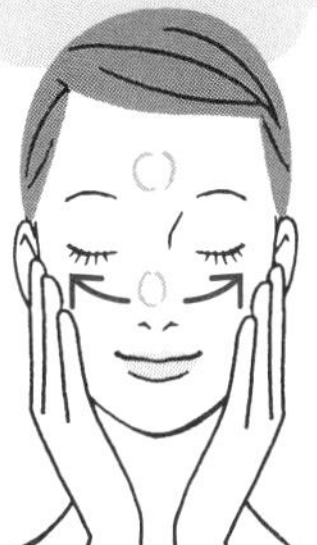

5｜目頭を起点に、こめかみに向かって手をスライドさせる。皮膚が薄い部分なのでソフトタッチで。

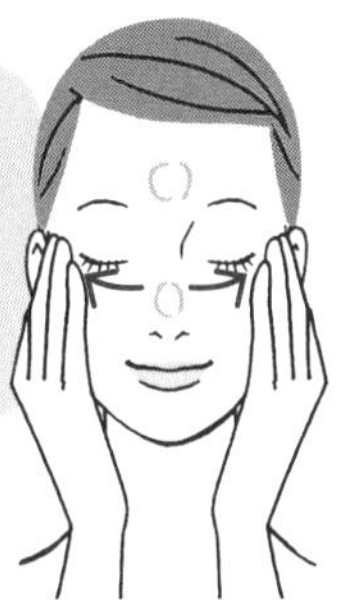

6｜鼻筋をなで上げて額へ。額の中心から左右に手を開いた後、片側ずつ手のひらで伸ばす。

7｜左右の手で交互に鼻筋をなで下ろしたら、鼻の両側面をクレンジング。上下に指を動かしながら。

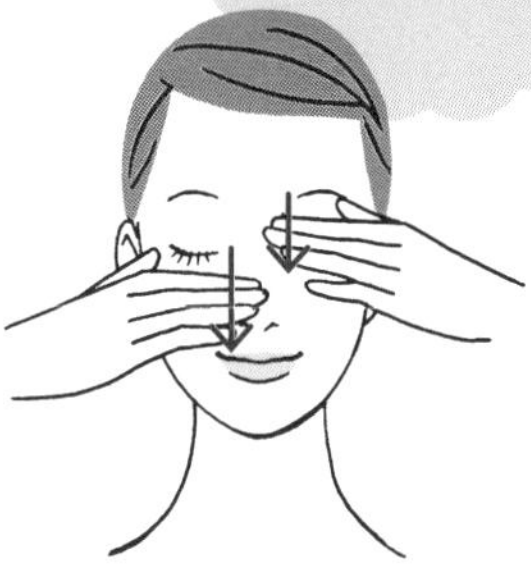

8｜皮脂がたまりやすい小鼻はとくに丁寧に。中指の腹で半円を描くようにして、毛穴の汚れも除去。

9｜鼻の頭は指先で円を描くように。見落としがちな鼻の穴のまわりは、下から上へクレンジング。

10｜続いて鼻の下。中心から外に向かって、ほうれい線をキュッと引きあげるつもりで手を動かす。

11｜下がりやすい口角を持ちあげるつもりで、唇の下から口角に向かってやさしく手をすべらせる。

12｜佐伯式では、耳や首も顔の一部と捉えてクレンジングを行う。年齢が出やすい耳をキレイに。

13｜あごの下から耳の後ろを通り、首をつかむように鎖骨まで流す。左右ともにクレンジングを行う。

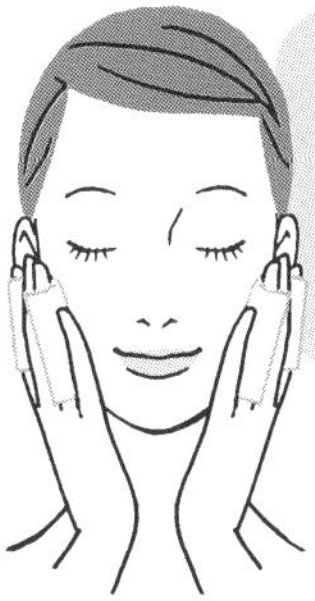

14｜手をティッシュペーパーでぬぐった後、濡れたコットンで顔に残ったクレンジングクリームをふき取る。

アイメイクの落とし方

アイメイクは顔全体のクレンジングに入る前に落としておきます。水で湿らせたあとにポイントメイクアップ・リムーバーを染みこませたコットンを、三角形に折って下まぶたに貼り、同じくリムーバーを含ませた綿棒で汚れをコットンに移していけば、マスカラもスムーズに落とすことができます。

洗顔：上下にこすらず、丸く丸く手を動かします

佐伯式スキンケアにおける洗顔とは、**ぬるま湯を使った素洗い**を指します。

朝のお手入れでは、寝ている間によほど汗をかいたりしない限りは、洗顔料を使わずにぬるま湯で顔を洗うだけで十分です。

また夜のクレンジングのあとは、濡れたコットンでクレンジング剤をふき取ったあと、ぬるま湯で顔を20回ほどすすぎます。製剤が残りやすい額の生え際やこめかみ、耳の後ろも忘れずにすすいでください。

クレンジングを終えたあと、さらに洗顔料を使って顔を洗う「ダブル洗顔」は、肌を守ってくれている大切な菌まで取りのぞいてしまい、吹き出物やかさつき、かゆみなどを引き起こす原因になるので、私はおすすめしていません。

クリームクレンジングなら油分を含むメイク汚れも、ほこりなどの水溶性の汚れも同時に落とすことができますから、さらに石鹸洗顔をする必要はないのです。とくに、うるおいが足りない、ブツブツが出やすいという人は、「取りすぎ」に気をつけましょ

う。

そして、**50歳をすぎたら1週間に一度、取り入れたいのが角質ケア**。スクラブ剤を使って、表皮にたまった「肌アカ」を落とすお手入れです。いつもは水ぶきだけのガスレンジを、定期的に磨《みが》き粉を使って掃除するイメージですね。

スクラブ洗顔というと、「あのツブツブが肌を傷つけそう」と敬遠する人もいますが、洗顔料と数滴のぬるま湯を加えてゆるめてから使えば、肌あたりもぐっとソフトに。細かい粒子が肌アカをからめ取ってくれるので、洗顔後は肌に透明感が出て化粧品の浸透もよくなります。

洗顔もクレンジングと同様、汚れを落とすケアなので手に力が入りやすいものです。「縦洗い」「男洗い」などと私は呼んでいるのですが、上下に手を動かしながら顔を洗うと、どうしても下に行くときに力が入ってしまう。

これが習慣化すると、自ら顔をたるませることになりかねません。**「顔は地球儀」と心得て、丸く、丸く、顔のフォルムに沿ってやさしく洗いましょう**。

佐伯式洗顔術

基本の洗顔は、ぬるま湯による素洗い。
1週間に一度、スクラブ洗顔で古い角質を除去しましょう。

毎日の洗顔のポイント

丸く洗う
中心から外へ、顔のカーブに合わせて丸く手を動かすのが鉄則。生え際や小鼻のまわりも丁寧に洗う。

やさしくふく
タオルでゴシゴシこすると乾燥やくすみの原因に。タオルをやさしく顔に当て、水分を吸い取る。

縦洗いはNG!
多くの人がやっているのが、手を上下に動かすこと。たるみやシワの大きな原因になる。

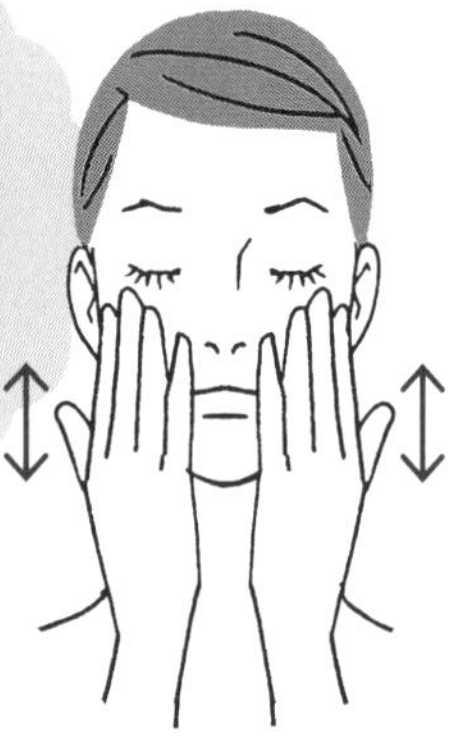

✢1週間に一度はスクラブ洗顔を

スクラブ洗顔のポイントは、下から上へとやさしく手を動かすこと。毛穴は下を向いているため、この動きをすることで毛穴の汚れを掻き出すことができます。また、肌が“厚着”をしやすい冬こそ、角質ケアが効力を発揮します。

1|スクラブ剤と洗顔料を混ぜる

スクラブ剤と洗顔料を1:1の割合で取り、ぬるま湯を加えて泡立てる。

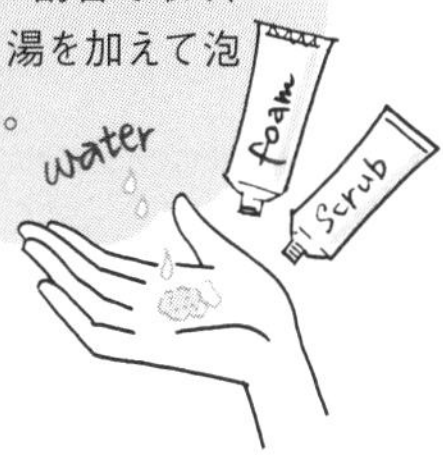

2|顔の5ヵ所に置く

右頬、左頬、額、鼻、あごの5ヵ所に均等に置く。手に残ったものは両手になじませる。

3|顔全体に広げる

唇の下を起点に内から外、下から上へやさしく伸ばしていく。

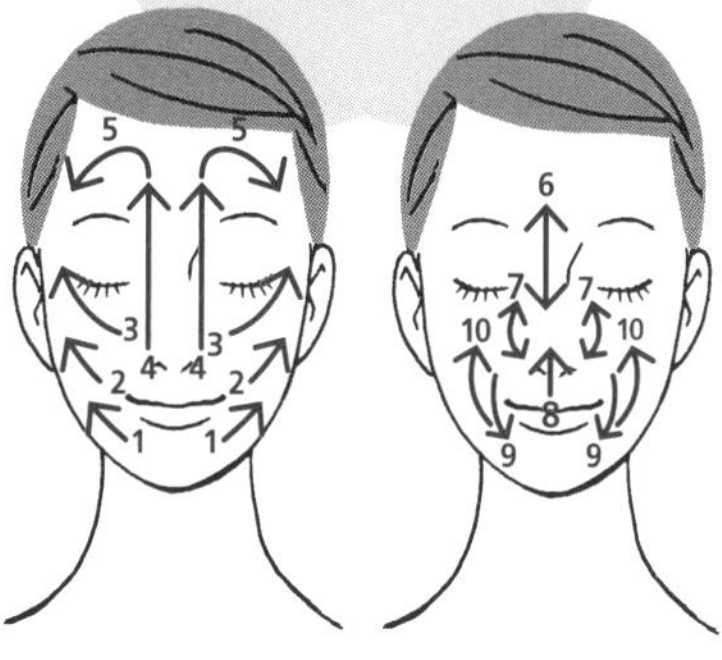

4|ぬるま湯ですすぐ

顔をこすらないよう、ぬるま湯を顔にかけるように。十分に流しタオルで軽く押さえて水分をぬぐう。

ローションパック：肌をふっくら炊きあげます

洗顔やクレンジングで汚れを落としたら、佐伯式ローションパックに入りましょう。ところで、なぜ化粧水をわざわざコットンに含ませてパックするのか。

その答えは、顔にそのままつけても蒸発するだけだからです。

肌には雑菌などの外敵から体を守るバリア機能というものが備わっているため、たとえ水でも簡単には肌に吸収されません。しかし、コットンに化粧水を含ませてしばらく置くことで、肌がふやけて一時的にバリアがゆるむ。そのタイミングで、「メインディッシュ」である美容液を塗れば肌の奥までスムーズに潜りこみ、化粧品の効果が2倍にも3倍にもなるのです。

肌のキメを整えて、次に来る化粧品を受け入れる態勢をつくるという意味で、この工程を私は「**整肌**」と呼んでいます。また、**水分を含むと肌は透明感を増しますから、うるおい不足だけでなく、血色の改善にもローションパックは最適。**「たった1回で肌がプルプルになった」「顔色がワントーン明るくなった」という方はとても多いのです。

さて、ローションパックを行う上でのポイントは、コットンを貼る順番と置く時間。まず、**コットンは顔の下部から貼っていきます**。先に貼ったほうからコットンが乾きますが、上部のコットンから水が流れてくることで、均一にうるおいを行きわたらせることができます。

また、少し引っぱって伸ばしながら貼ると、顔にピタッとフィットします。コットンにシワが寄ると、そこに水分がたまって他の部分に行きわたらなくなるばかりか、ポタポタと水が垂《た》れてきて服を濡らしてしまうこともあるので、注意してください。

そして、必ず守っていただきたいのが、「**3分間**」という時間。

ローションパックは、3分かけて肌を鎮静させながらうるおわせていきますが、それ以上置くと、水分がコットンに戻ってしまいます。ただし、コットンでパックをした上に、口の部分に呼吸用の穴を開けたシャワーキャップやラップをかぶせる場合は、5~10分置いてもかまいません。

化粧水とコットンさえあれば、どこでも簡単にできるローションパック。アルコールや香料を含まない化粧水を選ぶと安心でしょう。

佐伯式ローションパック

たった3分で、カサカサ肌がぷるぷるに!
佐伯式ケアの必修科目、ローションパックを一からおさらい。

1｜コットンを水道水で濡らし、両手ではさんで軽く絞る。目安は、しずくがポタリと落ちる程度。

2｜500円玉大を目安に化粧水をコットンに含ませる。コットンにまんべんなく広げて全体になじませる。

3｜コットンを繊維の流れに沿って縦に2枚に裂く。そのうちの1枚をさらに2枚に裂き、合計3枚にする。

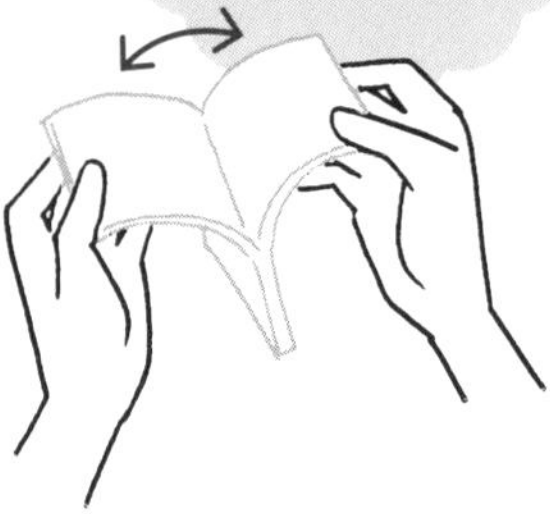

4｜いちばん厚いコットンを横に引っぱって伸ばしたら、上から3分の1の位置に指で切りこみを入れる。

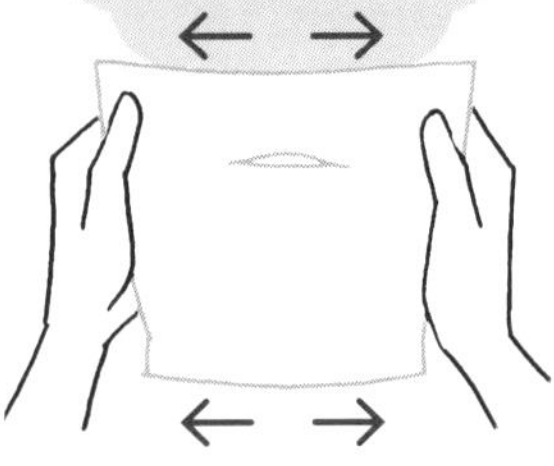

5｜穴が口の位置に来るよう、鼻の下からあごの下までぴったりと密着するようにコットンを貼る。

6｜2枚目のコットンは顔の上部へ。横に引っぱって伸ばし、下から3分の1の位置に2つの穴を開ける。

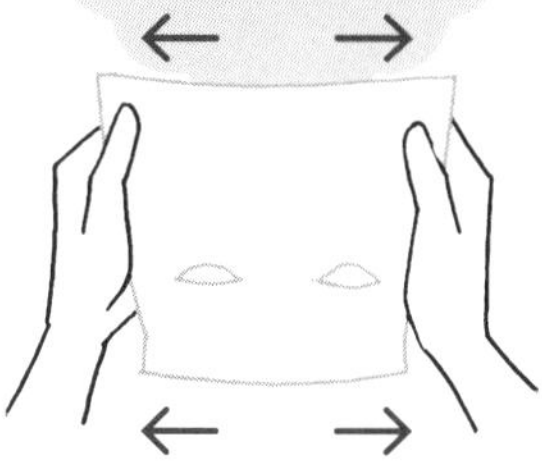

7｜面積が広いほうが額に来るよう顔の上部に貼る。こめかみまで届くよう伸ばし、底辺は鼻の頭に来るように。

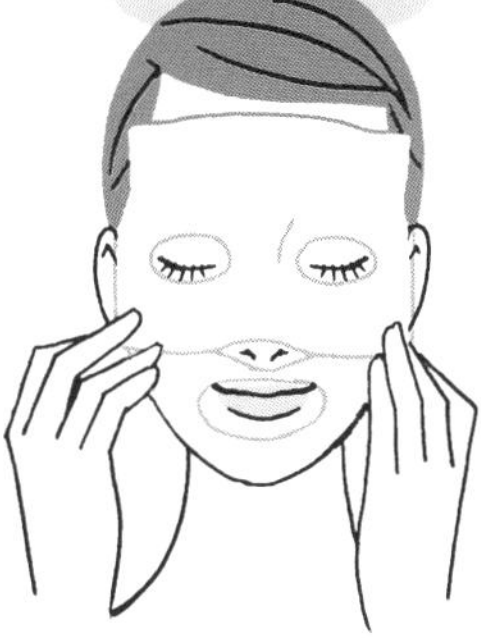

8｜3枚目は穴を開けずに横方向に伸ばし、あごの下から首までカバーするように貼る。その状態で3分間置く。

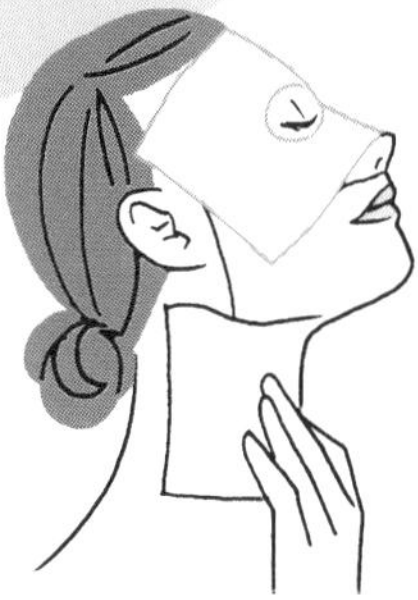

コットンのはがし方

コットンは一気にはがさず、上下から折りたたんで
あごでコンパクトにまとめます。

1｜手のひらで顔をプレスしてローションを肌になじませたあと、1枚目を、額の下・目の下・鼻の下の3段階で折りたたむ。

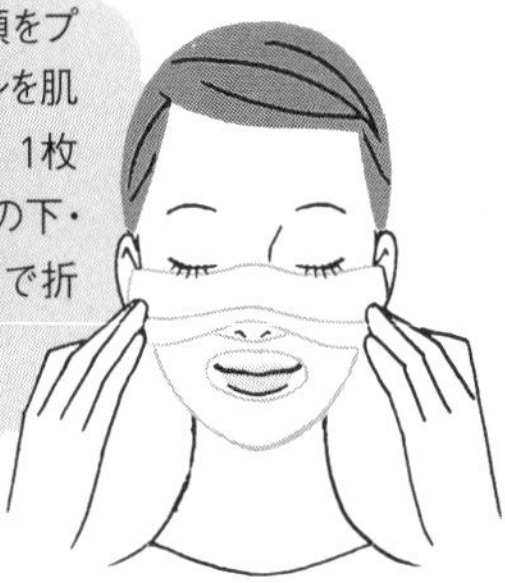

2｜2枚目と3枚目は合わせて、底辺があごの下に来るよう上に一折り。続けて唇の下に来るように一折り。

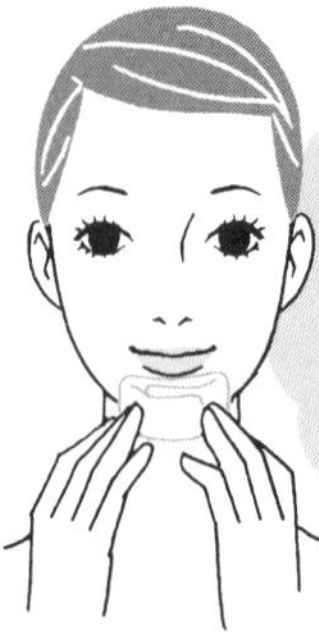

3｜1枚目をあごまで下ろし、3枚を中央でまとめて顔全体を押さえ、手のひらでプレスしてローションを定着させたら終了。

シャワーキャップを使えば
さらにもっちり！

3分以上パックをしたいときは、口の部分に穴を開けたシャワーキャップをかぶせます。自分の体温と呼吸で自然のスチームが発生し、よりうるおいに満ちた肌に。

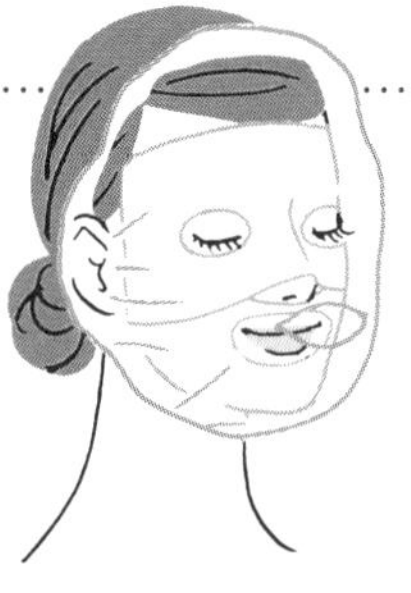

美容液：「肌の栄養剤」を手でしっかり入れこみます

ローションパックによって肌に筋道ができたところで、「肌の栄養剤」である美容液を送り届けていきます。

何といっても美容液のすごいところは、**肌の奥深くまで潜って老化のモトに直接、活性成分を届けてくれること。**コクがあるのにベタつかない、肌にすっとなじむエマルジョンという独特の質感なども、他の化粧品には見られないものです。

肌の老化というのは、表面だけで起きているわけではありません。

いわゆる肌の土台にあたる部分、「真皮《しんぴ》」が衰《おとろ》えてもろくなることで、地盤沈下のような現象が起きて肌表面にシワやたるみが発生するのです。

とくに「ハリ」や「弾力」の不足を感じる方は、積極的に美容液を活用してみてください。シミが気になるなら美白美容液、小ジワなら保湿美容液、また朝は美白、夜は保湿と切り替えてもよいでしょう。少々値段は張りますが、艶肌のために投資する価値はあるのが美容液です。

肌の構造と化粧品の届き方

肌は大きく分けて、皮下組織を覆う「表皮」と真皮」から成り立っています。中でも肌の本体といえるのが真皮で、網目状に張り巡らされた「コラーゲン」と、伸縮性のある「エラスチン」がからみ合うように存在することで、肌のハリや弾力を維持しています。さらに真皮の水分を保持しているのが「ヒアルロン酸」というゼリー状の物質で、真皮を構成するこれらの成分を生み出しているのが「線維芽細胞」です。

通常、化粧品の成分は表皮までしか届きませんが、1970年代後半頃から各化粧品メーカーが飛躍的に開発技術を発展させ、活性成分を必要な場所まで届けるという製品が続々と登場。化粧水ともクリームとも違う、「美容液」という新しいジャンルが確立されたのです。

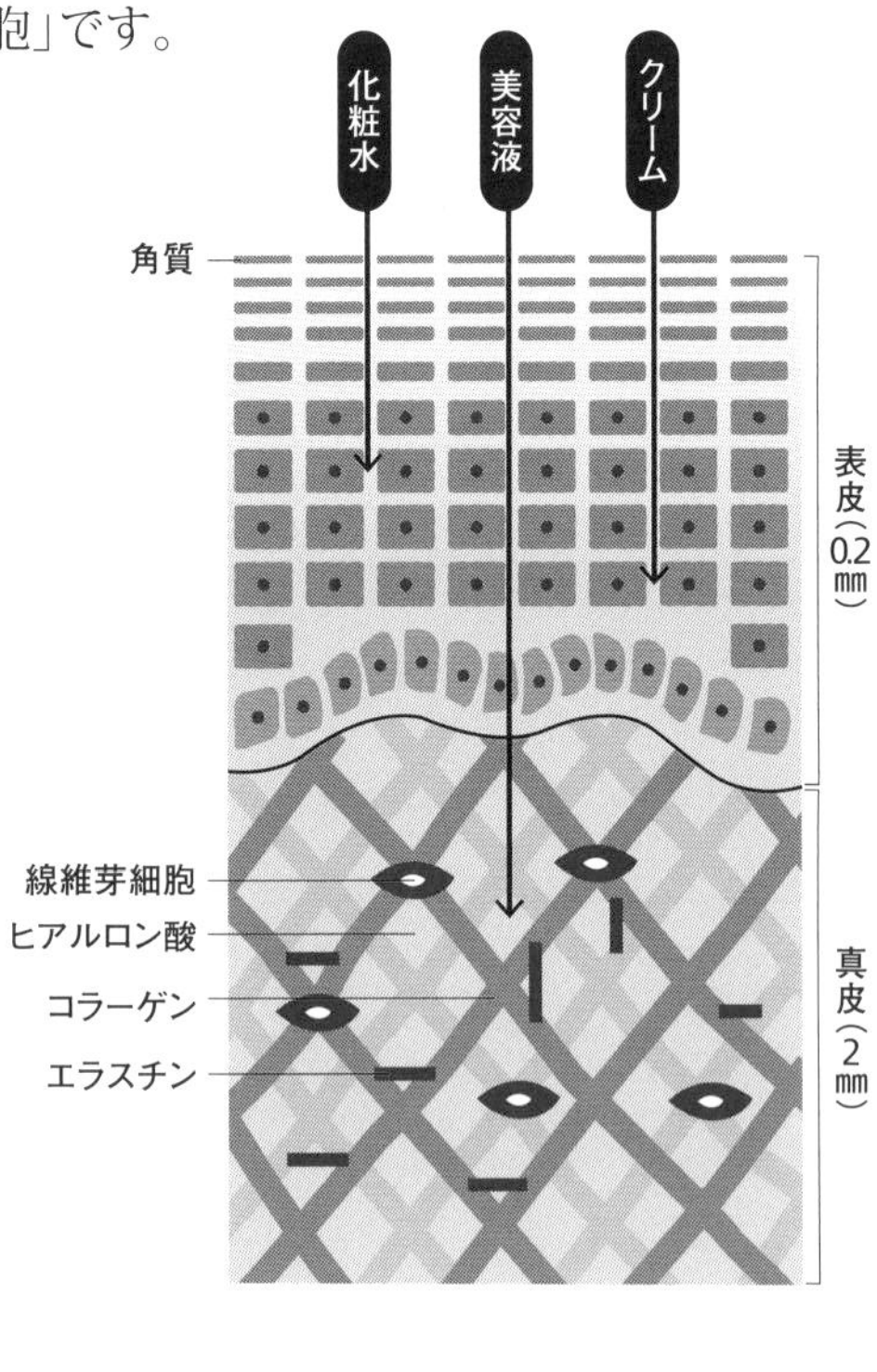

佐伯式美容液の塗り方

使い方ひとつで効果が2倍にも3倍にもなる化粧品。
大人の肌の救世主、美容液の塗り方をご紹介します。

1｜2～3プッシュ分の美容液を手のひらに取り、指先でやさしく混ぜて温める。

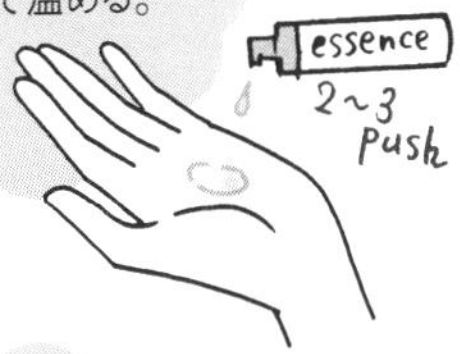

2｜右頬、左頬、額、鼻、あごの5ヵ所に、均等になるように美容液を置く。

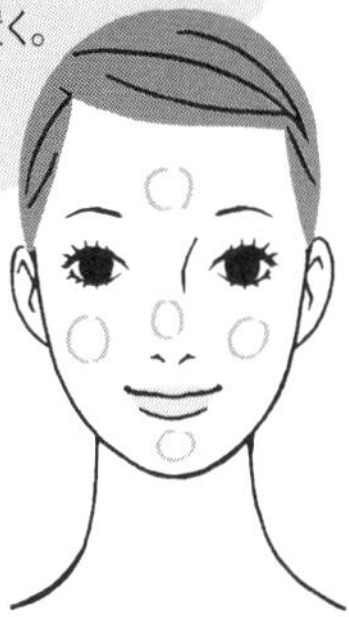

3｜唇の下に両手を置き、耳の付け根に向かってV字を描くように、引きあげながら伸ばす。

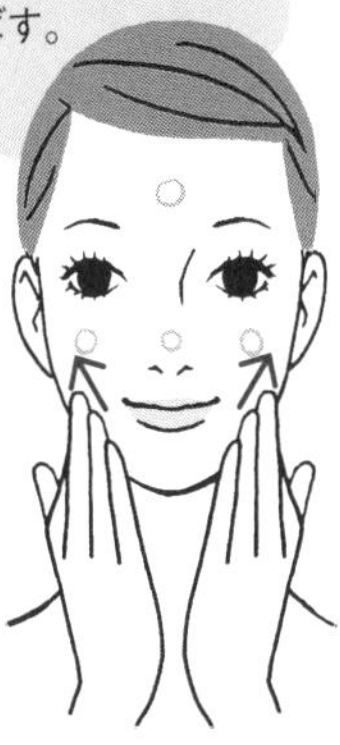

4｜小鼻の脇からまっすぐ横へ手をスライド。広い面を使って、耳の前までしっかりと美容液を伸ばす。

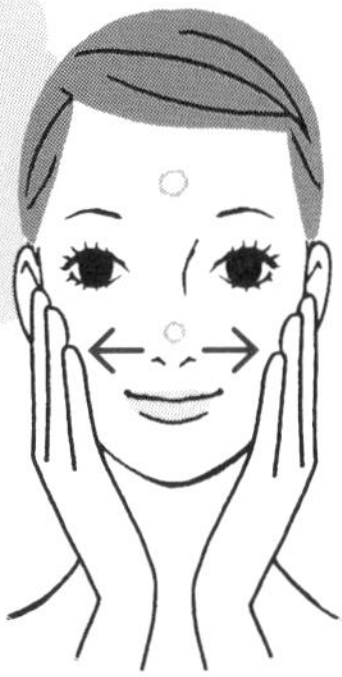

5｜指の腹を使って、目頭から下まぶたを通ってこめかみまで。皮膚が薄い部分なのでソフトタッチで。

6｜鼻筋を通って額へ。額の中心から左右に開いた後、左から右という具合に片側ずつスライド。

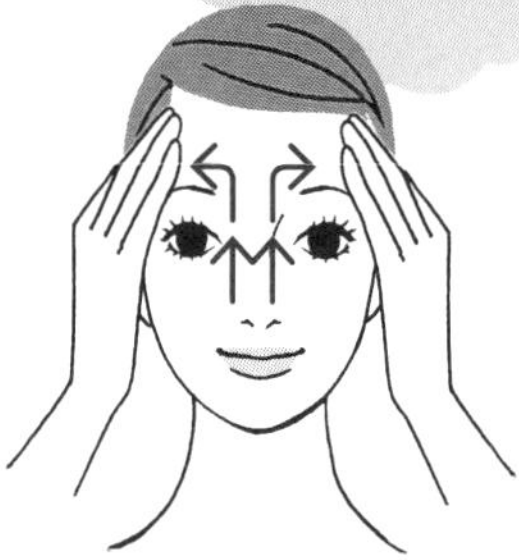

7｜左右の手で交互に鼻筋をなで下ろしたら、上下に指を動かしながら鼻の両側面にも塗布。

8｜皮脂が出やすい小鼻まわりもしっかりカバー。中指の腹で半円を描くように往復させながら。

9｜鼻の頭は円を描くように。鼻の穴のまわりは、下から上へ。指先を使って丁寧に塗りこむ。

10｜鼻の下で両手を揃え、中心から外に向かって、ほうれい線を引きあげるように美容液を伸ばす。

11｜唇の下から口角に向かって、やさしく手をすべらせる。口角をキュッと持ちあげるイメージで。

12｜手のひら全体を使って顔を包みこむようにプレス。手の体温と湿気で美容液がピタッと密着する。

13｜耳も顔の一部。耳たぶや耳の後ろにも美容液を塗布。耳を軽く引っぱればマッサージ効果も。

14｜あごの下から耳の後ろを通り、首をつかむように鎖骨まで流す。左側は右手で、右側は左手で。

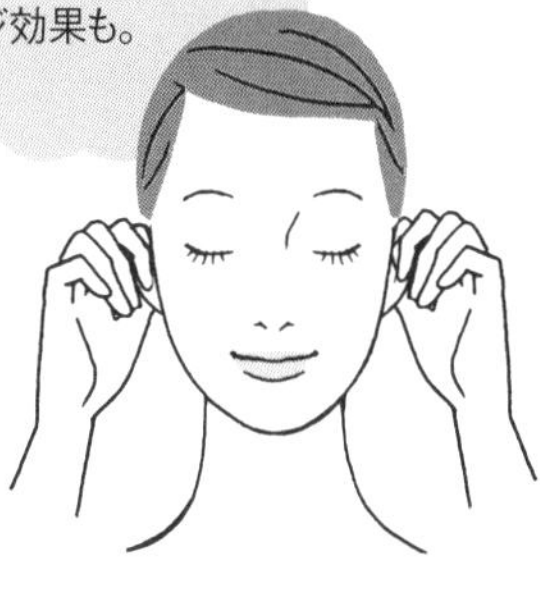

クリーム：水分と栄養をしっかり閉じこめて

ローションパックで得た水分と、美容液で入れこんだ栄養を肌に閉じこめてくれるのがクリーム。しかし、働きはそれだけではありません。保湿、美白、リフトアップなどクリームにもさまざまなタイプがあり、フタの役目をしながら、一方で肌にうるおいやボリューム感をもたしてくれる。それがクリームの魅力といえるでしょう。

艶肌をつくる上で不可欠なものといえば、うるおい。

しかし、水分を与えただけでは、肌のうるおいを維持することはできません。ローションパックは肌表面を水分で満たしてくれますが、これはあくまでも「加水」。そのうるおいを肌にとどまらせる、つまり「保湿」をするためには、蓄えた水を逃さないための油分が必要なのです。

その**油分と、水分が絶妙なバランスで配合されているのがクリーム**です。若いころにニキビに悩まされた方などは、「ベタベタするから」とクリームを敬遠する傾向がありますが、50歳をすぎたら水分だけでは不十分。ぜひクリームをお手入れの仕上げに組みこんでください。

そんなクリームの選び方ですが、水分・油分ともに不足しがちな大人の肌は、乳液のようなとろんとしたタイプでは満足できません。**クリームは練**《ね》**りのしっかりした、コクのあるものを選びましょう。**手に取ったときに、「やや硬いかな」と感じるぐらいで大丈夫。手のひらでゆるめてから顔にのせれば、やがて体温でとけて肌にきれいになじみます。

塗り方は基本的に美容液（67ページ）と同じです。顔の内側から外側に向かってやさしく伸ばし、最後は手のひら全体を使って顔を包みこむようにプレス。自分の体温と適度な湿り気がスチームアイロンのようになってキメが整い、つるんとした肌が完成します。

なお、暑い季節はついクリームを省きたくなりますが、実は**夏こそ保湿が必要。**干物の魚が生魚よりも早く焼けるように、乾いた肌はあっという間に日に焼けてしまうからです。紫外線によるシミやくすみを防ぐためにも、肌のうるおいは一年じゅうキープしてください。

佐伯式クリームの塗り方

コクのあるクリームを丁寧に塗りこんで、
手のひらでピタッと密着させれば、
ワンランク上の艶肌が完成します。

1｜大きめのパール粒大を手のひらに取り、指先で混ぜて人肌に温める。このひと手間でクリームの肌なじみがアップ。

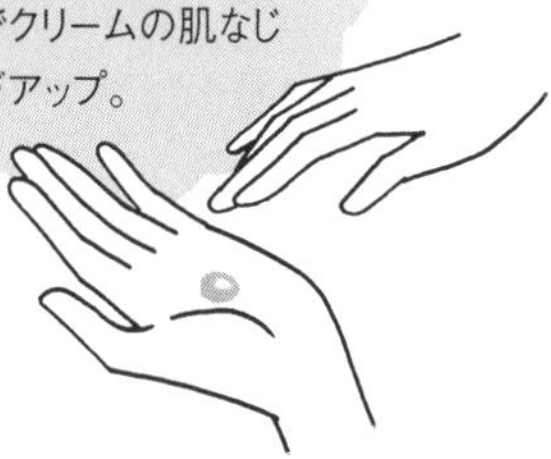

2｜温めたクリームを右頬、左頬、額、鼻、あごの5ヵ所に均等に置いたら、顔の下部から上に向かって伸ばしていく。

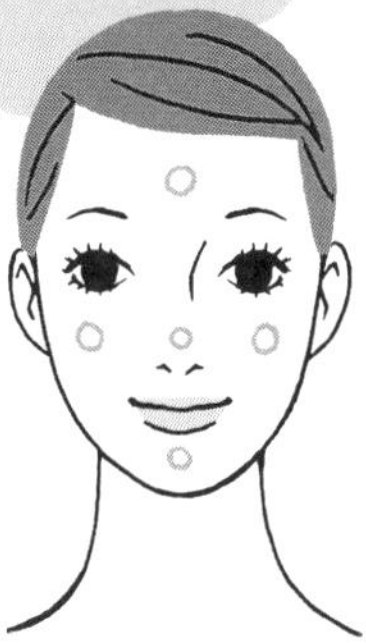

3｜唇の下から耳の付け根、小鼻の脇から耳の前、目頭からこめかみの順に伸ばす。鼻筋から額に来たら片側ずつスライド。

4｜鼻筋、鼻の側面をなで下ろし、小鼻は半円を描くように。鼻の下、口のまわりを通って唇の下で口角を上げるV字塗り。

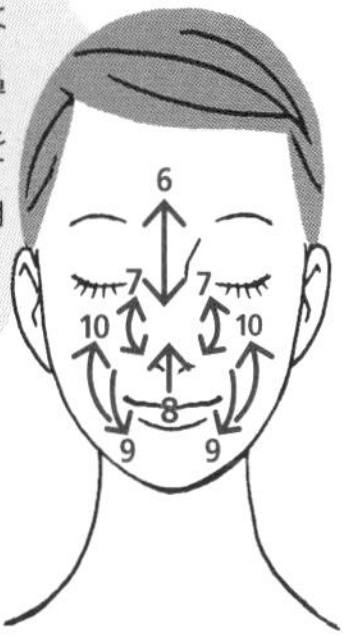

5｜顔を包みこむように、手のひら全体を使ってほどよい圧をかけながらプレス。クリームが定着し、肌のキメも整う。

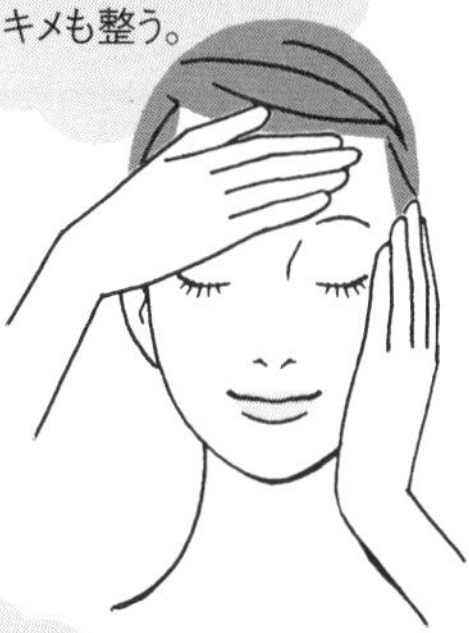

6｜カサつきやすい耳たぶや耳の後ろにも、クリームを塗る。軽くもんだり引っぱることで、血色アップの効果も。

7｜あごの下から耳の後ろを通り、首をつかむように鎖骨まで流す。左側は右手で流し、左右ともに塗ったら終了。

年齢が出る目元にはアイクリームを

1｜米粒大のアイクリームを中指に取り、逆の手の中指と軽く擦り合わせて人肌に温める。

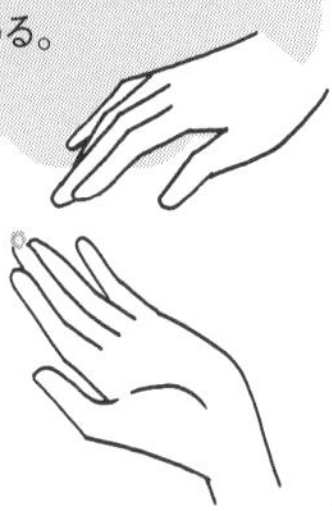

2｜下まぶたに塗布。中指を使ってポンポンと点状になじませたら、指を揃えて全体に伸ばす。

3｜片手でこめかみを押さえ、逆の手で外から内へストレッチしながらアイクリームを入れこむ。

4｜ピアノの鍵盤をたたくようにリズミカルに指を動かしながら、下まぶたを心地よくマッサージ。

5｜シワが寄りやすい目尻は指先で開いて、細かい溝をアイクリームで埋めるように塗布する。

日焼け止め：混ぜのテクニックで時短&肌にやさしい

肌老化の原因の8割は、紫外線だといわれます。紫外線を浴びた肌は、シミやシワが発生しやすくなるだけでなく、ざらついたりくすんだりしやすいもの。艶肌の条件である「なめらかさ」や「けっしょく」を叶《かな》えるためにも、ぜひ紫外線対策はぬかりなく行ってください。

夜のお手入れは、クリームで肌にうるおいと栄養を閉じこめて締めくくりますが、朝はそのあとに、日焼け止めクリームを塗ります。曇りや雨の日も、室内にいても紫外線は肌に注がれていますから、原則として**365日、日焼け止めクリームを使う**というのが佐伯メソッドです。

このとき、ポイントとなるのが量。みなさん、とにかく日焼け止めクリームを塗る量が少ないのです。SPF50だから少しでいいではなく、SPF25でいいので**500円玉大を目安にたっぷりと手に取り、顔が真っ白になるぐらい塗ってください。**量が少ないと日焼け止めの効果が十分に発揮されません。そして汗や摩擦《まさつ》で落ちてしまったら、こまめに塗り足しましょう。

日焼け止めクリームは、大きく分けると「紫外線吸収剤入り」と「紫外線散乱剤入り」の2タイプが存在します。肌がデリケートな方は比較的肌への負担が少ないといわれる、紫外線散乱剤入りが安心でしょう。製品には「紫外線吸収剤フリー」などと書かれています。

また、日焼け止めクリームを他の化粧品と混ぜて使うことで、肌あたりがマイルドになります。方法はとても簡単。日焼け止めクリーム、下地クリーム、リキッドファンデーションを手のひらに取って混ぜ、顔全体に塗るだけ。

これなら紫外線対策から保湿、そしてベースメイクまで一度で済みます。これが、佐伯式「混ぜのテクニック」。肌にやさしく、メイク時間の短縮になるだけでなく、それぞれを急いで重ねづけして顔の上でグシャグシャにするよりも、仕上がりがきれい。「一石三鳥」です。

また、旅行の際はあらかじめ3つを混ぜたものを小さな容器に入れて、化粧ポーチにしのばせれば、旅先でのメイクもぐっと楽になります。

佐伯式日焼け止めクリームの塗り方

リキッドファンデーションや下地クリームと混ぜてもOK!
知っておきたい日焼け止めクリームの塗り方とアレンジ法。

1｜500円玉大を目安に手のひらに取り、指先で混ぜて人肌に温める。量は多すぎると思うくらいたっぷりと。

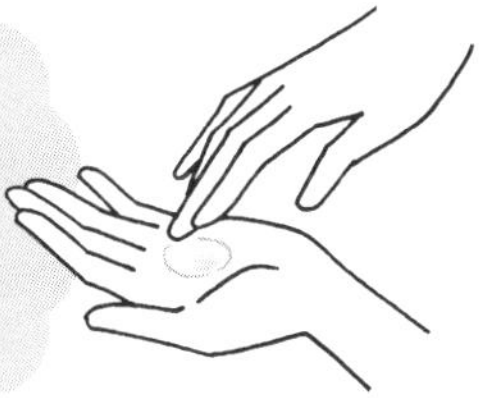

2｜温めたクリームを右頬、左頬、額、鼻、あごの5ヵ所に均等に置き、顔の下部から上へ両手を使って塗っていく。

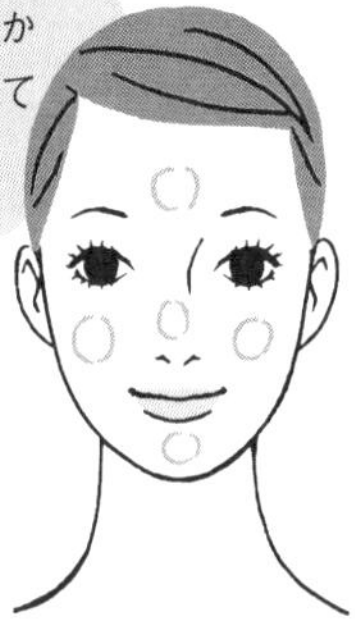

3｜唇の下から耳の付け根、小鼻の脇から耳の前、目頭からこめかみの順に伸ばす。鼻筋から額に来たら片側ずつスライド。

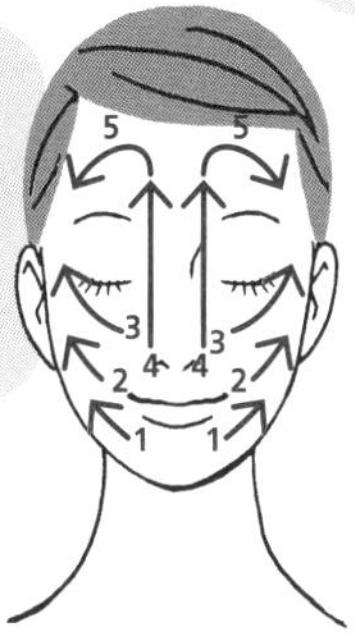

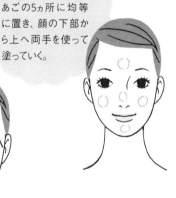

4｜鼻筋、鼻の側面をなで下ろし、小鼻は半円を描き往復。鼻の下、口のまわりを通って唇の下で口角を引きあげる。

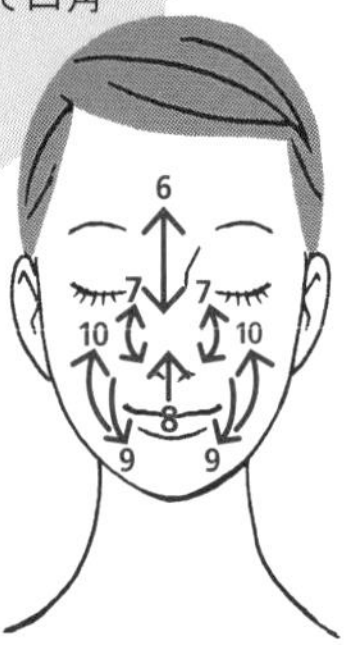

5｜日焼け止めを定着させるプロセス。手のひら全体で顔を包みこむように、ほどよい圧をかけながらプレスする。

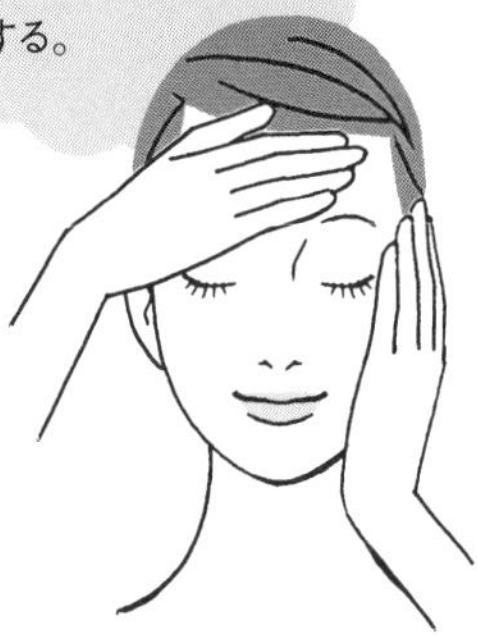

6｜意外と焼けやすい耳にも忘れずに塗る。やさしくもみこむように、耳たぶや耳の後ろまで丁寧に。

7｜あごの下から耳の後ろを通り、首をつかむように鎖骨まで。左側は右手で流し、左右ともに塗ったら終了。

混ぜのテクニック

その1

日焼け止めクリーム+下地クリーム+リキッドファンデーションの3種混ぜ

この3種類を混ぜて使えば、紫外線対策からベースメイクまで一度で完了。500円玉大の日焼け止めクリームに、パール粒大の下地クリームとリキッドファンデーションを加えて混ぜ、日焼け止めクリームを塗るときと同じ要領で顔に伸ばします。

その2

リキッドファンデーションの2色混ぜ

リキッドファンデーションは、オークル系とピンク系の2色を混ぜて使うのが便利。オークルとピンクの比率は、通常1:1。顔の赤みが気になるときは2:1、血色が悪い日は1:2という具合に調整します。手の甲をパレット代わりに自在にアレンジを。

✣ 粉コットン

リキッドファンデーションを塗ったあとは、
白粉をはたいてナチュラルに仕上げます。
このとき、パフではなくコットンを使うのが佐伯流。
コットンの間に1回分の白粉を挟んでポンポンと顔にはたけば、
繊維の隙間から白粉がふわふわと出てきてきれいに肌にフィット。
使い捨てなので衛生面でも優秀です。

1｜繊維に沿ってコットンを真ん中から開き、小さじ半分程度の白粉をのせて挟む。

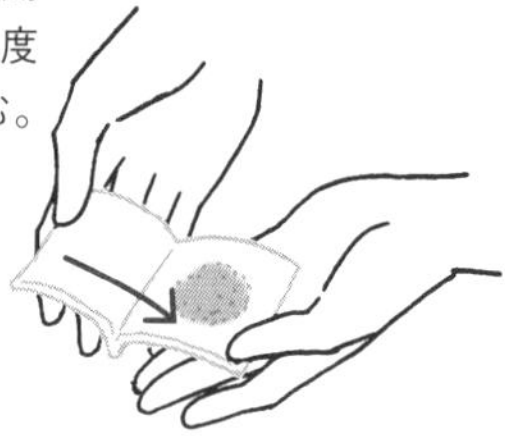

2｜挟んだ白粉が全体にまんべんなく行きわたるよう、両手でやさしくコットンをもむ。

3｜「粉コットン」を指で挟み、「はたいては押さえる」を繰り返しながら顔全体に白粉をつける。

第3章

さらなる「艶」を目指す！

シニアの4大悩みも佐伯式で解決

「首のたるみが気になる」
「まぶたが下がって、たれ目になってきた」
「横ジワだけでなく、縦のシワも増えた」
「肌の色が以前よりもくすんでいる」

50代に入ると、これまでとは少し違った肌の変化が表れはじめます。

その理由として挙げられるのが、閉経に伴う女性ホルモンの減少。そしてもうひとつは、若いころから徐々に蓄積された肌ダメージが表面化してくることです。

とくに女性ホルモンが減少すると、皮脂が減って肌に艶《つや》がなくなってきたり、血流の変化で肌がくすんだり、また、真皮を構成するコラーゲンやエラスチンも少なくなるため、ハリ・弾力が失われやすくなります。

そんな悩ましい大人の肌ですが、日々のお手入れで十分に悩みを克服することが可能です。**加齢のサインをメイクで隠すのではなく、キレイな素肌を自らの手で取り戻**

してください。

お悩みのケアで肝心なのは、あれもこれもと欲張らないことです。シミならシミ、シワならシワと、まずはいちばん気になるところにスポットを当て、**3ヵ月を目安に集中的にケアします。**複数を並行して行うと散漫なケアになり、結局どれも克服できないということになりかねません。また1つクリアすることで、それが自信となって次もがんばれるのです。

そして、お手入れの前にはぜひ「なぜ眉間《みけん》に縦ジワが刻《きざ》まれてしまったのか」「なぜ口角《こうかく》が下がってしまったのか」という「振り返り」をしてみましょう。

原因がわからないままケアしても、また同じことを繰り返すことになりますし、原因がわかれば予防もできますよね。

悩みが増える大人の肌だからこそ、お手入れの手ごたえも得られるはずです。今回はシニアの4大悩み、シミ・シワ・くすみ・たるみのケアをご紹介します。ぜひ佐伯式ケアで、さらなる艶肌を目指してください。

シミ：美白3段パックを続けて春に脱皮を！

本来はがれ落ちるはずのメラニンが、加齢などによるターンオーバー（新陳代謝）の乱れによって、肌にとどまっているのがシミの正体。ですからシミのケアは、肌の中で幾層にも連なっているメラニンを、根気よく抜いていくお手入れとなります。

佐伯式では、４つのステップでシミをケアします。

まず、スクラブ洗顔で古い角質を除去し、ローションパックで肌をゆるめたら、クレイ（粘土）タイプのパックでメラニンを吸いあげてキャッチ。その後、美白美容液を塗って肌を活性化させます。小さなシミが点在するなら顔全体に、部分的に気になるシミがある場合は、その部分だけに集中的にクレイパックをしてもよいでしょう。

このお手入れを３カ月、６カ月と続けるうちに少しずつ白い部分が増えていきます。長年かけてつくったシミは、薄くするのにもそれなりの時間が必要です。**シミのケアは、とにかく自分の肌を信じて続けること**。そうすれば必ず、春を迎えたときに「脱皮」します。

スペシャルケア　シミのお手入れ法

スクラブ洗顔で肌アカを落としたら、3種のパックで
気になるシミを集中的にケアします。

1|スクラブ洗顔
スクラブ剤を使った洗顔で、肌表面にたまった古い角質を丁寧に除去する。

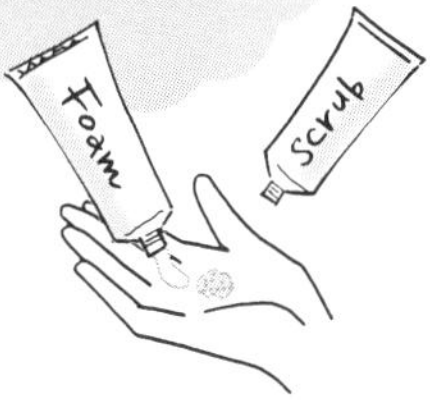

2|ローションパック
水分と体温で肌をふやかしてゆるめ、メラニンを排出しやすくする。

3|クレイパック
シミ部分にクレイパックを塗り、小さく切ったラップで覆い5～10分。

4|美白美容液
水で湿らせたコットンに美白美容液を含ませて貼り、ラップで15分覆う。

シワ：指で垂直につまんで「折りジワ」をほぐします

シワにはいくつかのタイプがあります。目尻などにうっすらと規則正しく伸びる「小ジワ」の場合、主な原因は肌の水分不足。一方、ほうれい線などの色が濃くてくっきりと刻まれた「大ジワ」は、水分と油分がともに不足していることを意味します。

目元のうっすらとしたシワは、指先で開いてポンポンとアイクリームをたたきこみ、うるおいを送りこんでいきましょう。一方、深く刻まれたシワは、筋肉の「クセ」も関係しているので、シワの部分を指先でつまんで、物理的にリセットしていきます。

方法はいたって簡単。**縦のシワなら横、横のシワは縦**という具合に、シワの向きと垂直に指で筋肉をつまみ、ふだんの表情などで形状記憶された「**折りジワ」をもみほぐします**。その後、シワを開くようにストレッチすることで、少しずつ目立たなくなっていきます。

ちなみに、額《ひたい》の横ジワは頭皮のたるみから来ることが多いので、洗髪は額の生え際から頭頂部に向かって、頭皮を引きあげるように行いましょう。

スペシャルケア シワのお手入れ法

深いシワは筋肉のクセ。肌に形状記憶させないよう
「ほぐして伸ばす」お手入れの継続を！

額

額の横ジワは、指先で縦につまんでほぐす。

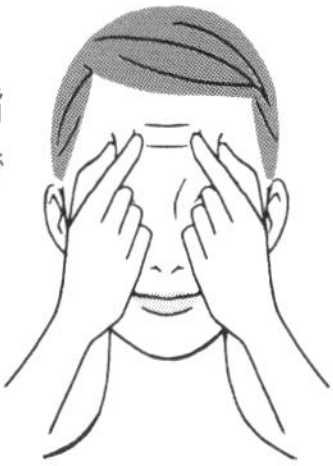

手の広い面を使って横方向にストレッチ。左右交互に。

眉間

眉間の縦ジワを消したいときは、横方向につまむ。

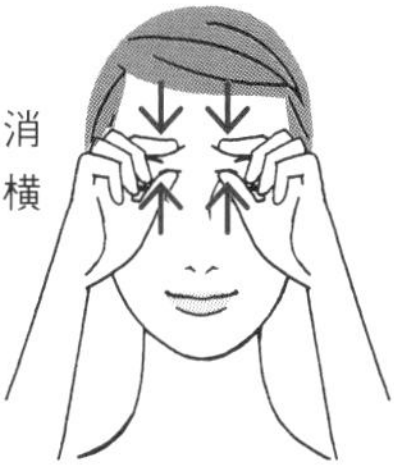

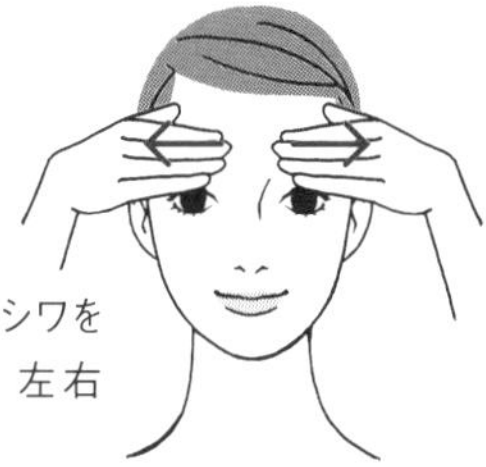

縦に入ったシワを開くように、左右に引っぱる。

ほうれい線

縦方向のシワなので、横につまんでほぐす。

縦ジワを消すつもりで、外側に向かって肌をストレッチ。

くすみ：1週間に一度の角質ケアで透明肌をキープ

ふだんきちんとクレンジングや洗顔をしているつもりでも、汗や皮脂といった分泌物がはがれ落ちようとしている角質と混ざり合い、アカとなって肌にこびりついているもの。これが大人の肌をくもらせます。年齢とともにたまりやすくなる「肌アカ」を細かい粒子でからめ取り、くすみを除去するためのお手入れが、**1週間に一度のスクラブ洗顔**（59ページ）です。

また、くすみは体内に原因があることも少なくありません。

とくに寝不足や運動不足などで血液やリンパの流れが滞《とどこお》ると、老廃物が体内に蓄積されて、くすみやクマ、むくみの原因に。そんなときは、脇の下や耳の後ろにある「リンパ節」を自らの手で刺激する、リンパマッサージを行ってみてください。私のサロンでも、フェイシャルトリートメントの際には必ず、**鎖骨《さこつ》や首筋を丁寧《ていねい》にマッサージして老廃物を押し流します。**

これだけでも顔がひと回り小さくなり、肌の艶感アップにもひと役買ってくれるのです。

スペシャルケア✤くすみのお手入れ法

リンパマッサージ
美肌をつくるリンパのツボとマッサージ法

1｜耳の後ろ
顔のリンパが合流する場所。耳の後ろのくぼみを指の腹でやさしく押す。

2｜首の両側
手で首をつかむように、肩に向かって老廃物を押し流すようにマッサージ。

3｜鎖骨の上のくぼみ
リンパの最終出口で最も詰まりやすい場所。鎖骨の上のくぼみに指を入れ押しながら中心から外へ。

4｜脇の下
脇の下を手で挟むようにして腕の付け根を刺激したり、くぼみに手を入れてやさしく圧をかける。

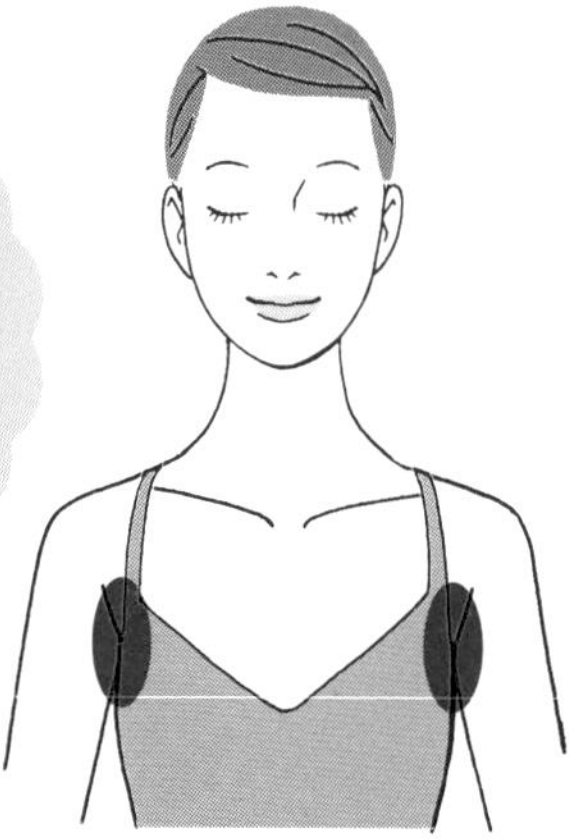

3大NG!

摩擦
スポンジやタオルでゴシゴシと顔をこすると、摩擦で色素沈着が起きやすくなる。

塩分過多
体内の状態も肌に大きく影響する。寝不足や塩分過多はクマやくすみの原因に。

顔そり
顔に刃物を当てることで、自らを守ろうとして肌が硬く厚くなり、色もくすんでくる。

たるみ：リフトアップには顔の筋トレと「V字塗り」

顔のたるみの大きな原因は、30種類以上あるといわれる表情筋が衰《おとろ》えて、脂肪を支えきれなくなることです。だから、頬のたるみも二重あごの対策も、表皮ケアだけでは不十分。土台となる筋肉から立て直していく必要があります。

そこで、かつて電話交換手をしていた私が考案したのが、当時の発声練習からヒントを得た「あえいおう」運動。大きく口を開けて「あ・え・い・お・う」と唱《とな》えるだけの簡単なものですが、**表情筋をまんべんなく動かすことで「顔の筋トレ」**となり、たるみや歪《ゆが》みを防いでくれます。

また、ちょっと専門的な話をさせていただくと、目と口は大頬骨筋《だいきょうこつきん》、小頬骨筋という筋肉でつながっています。つまり、口尻が下がれば目尻や眉尻《まゆじり》も連動して下がってくる。これらの「3つのお尻」が下がっている側から、たるみは始まっていると考えていいでしょう。その上で、**化粧品を塗るときはV字を描くように常にリフトアップして、顔を下垂させない**。こういった些細《ささい》な習慣と、「上がってね」「たのむわよ」という意識が未来の顔を変えます。

スペシャルケア ⚜ たるみのお手入れ法

顔を真正面から見て、「眉尻」「目尻」「口尻」の3つのお尻をチェックしてみましょう。これらのお尻が下がっているほうから、たるみが始まっているといえます。たとえば、右の口尻が下がっていると感じたら、意識的に右の歯で食べ物を噛むようにするなど、顔の筋肉をバランスよく使うように意識します。

⚜ 3尻チェック

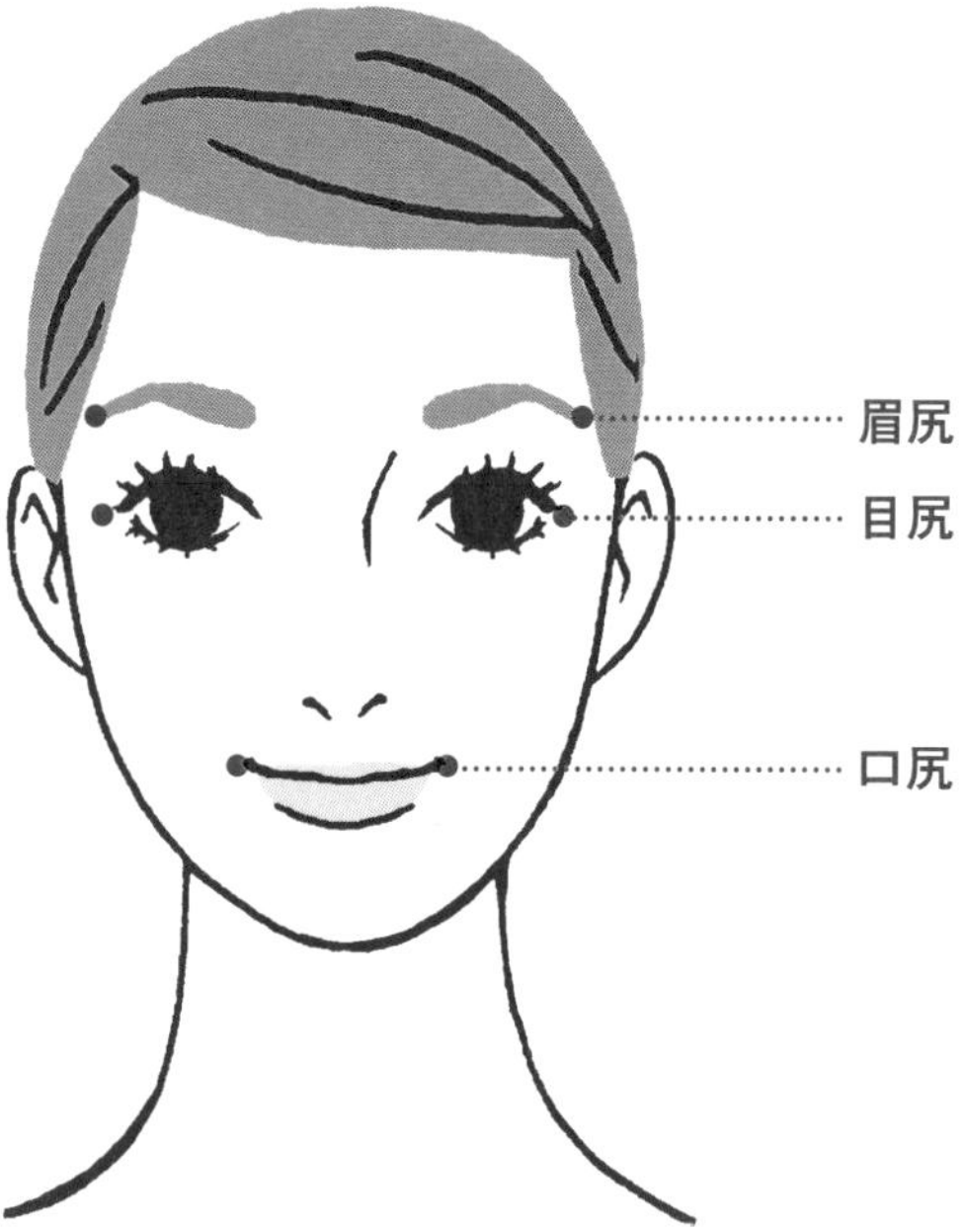

たるみすっきり! 舌出しエクササイズ

首のたるみや二重あごを解消したい人におすすめのエクササイズです。
頭を後ろに倒して首の前面を伸ばしたら、舌をできるかぎり出して5つ数える。
上を向いたまま舌を引っこめて、元の状態に戻ります。
これを1回3セット行いましょう。
舌の筋肉(舌筋)や首前面の大きな筋肉(広頸筋)をストレッチすることで、
首やあごのラインがすっきり!

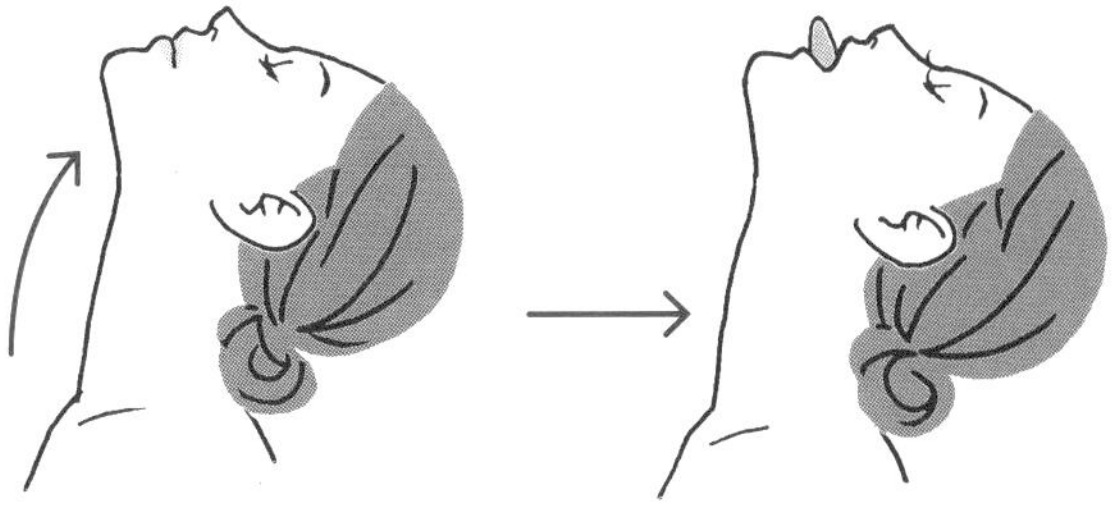

あえいおう運動 V字塗り

大きく口を開けて「あえいおう」と発声しましょう。
ふだん使っていない筋肉までフルに動かすことで、たるみ予防につながります。
また、美容液やクリームを塗るときは、V字を描くように上へ、上へと顔を
引きあげるのを忘れずに。

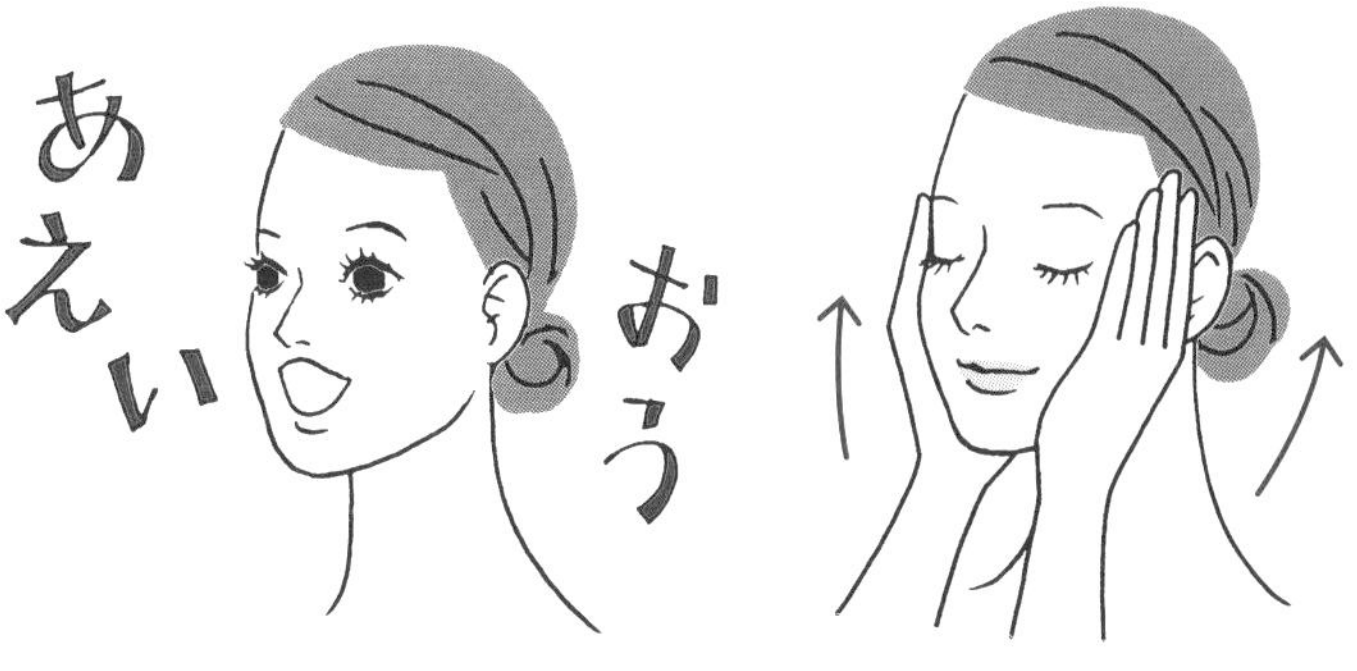

輪郭を丁寧に描くだけで、5歳は若く見える

年齢を重ねて、どこか顔にメリハリがなくなってきたと感じたら、メイクの際に、「ふち」を丁寧に描いてみてください。具体的にいうと眉や唇の輪郭。年齢とともにぼやけてくる部分です。

なかでも私が「顔の額縁《がくぶち》」と呼んでいる眉は、顔の印象を大きく左右するところ。最初に眉頭《まゆがしら》と眉山を決めて一気に結び、全体の形を整えたら、グレーと茶のアイブロウペンシル、眉ブラシを使って自然なボリュームを出していきます。

このときのポイントは、眉頭をしっかりと描くこと。**顔の中心に力をもってくることで躍動感や若々しさが生まれ、目もひと回り大きく見えるのです。**

また口紅を塗るときは、リップライナーで輪郭をとることをお忘れなく。**上唇はシャープに、そして下唇に丸みをもたせる**と女性らしい印象に。ふちどりをすることで、口紅のにじみや落ちも防ぐことができますから、会食の席などでも口元を気にしなくて済みます。

最後に唇の中央にリップグロスを重ねれば、艶感たっぷり、ふっくら唇の完成です。

眉の描き方

1｜眉頭Aと眉山Bをアイブロウペンシルで一気に結び、小鼻と目尻を結んだ延長線上の眉尻に自然に流す。

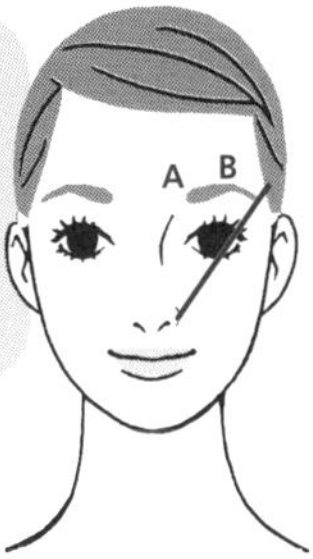

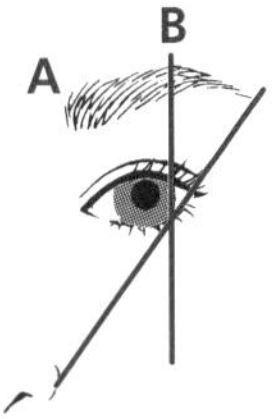

2｜眉用のブラシをコットンの上で左右に何回かすべらせ、毛先に繊維をからませる。

3｜アイブロウペンシルで描いた上から2のブラシで軽くなぞれば、躍動感のある眉の完成。

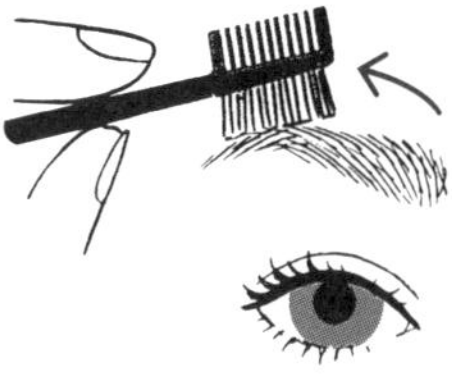

口紅の塗り方

1｜唇全体に、口紅を塗る。

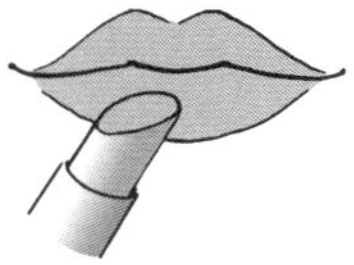

2｜リップライナーでふちどりをする。

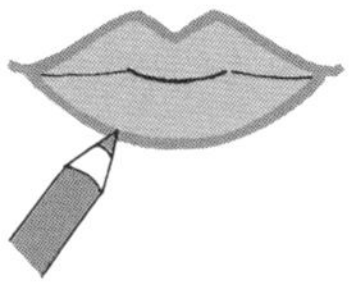

3｜唇の中央にポンポンとグロスを重ねる。

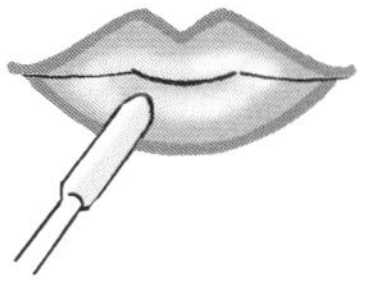

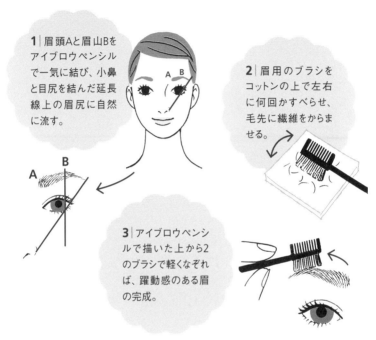

❦ 湯上がり美人の肌をチークで再現

お風呂上がりのほんのりとバラ色に染まった頬。これは女性が艶っぽく見える姿だといいます。これをチークで表現してみましょう。

チークを入れるときのポイントは、色と位置です。

私が大人の女性におすすめしたいのが**テラコッタカラー**。いわゆるレンガ色で、一見地味ですが、これが日本人の肌にしっくりとなじんで、さりげなく血色をよく見せてくれるのです。

さらにパウダータイプではなく練り状のチークを使えば、失敗が少なく仕上がりも艶やか。できれば濃淡の2色を揃え、最初に淡いほうを頬の高い位置にポンポンとなじませましょう。そして中ほどに濃いテラコッタを重ねれば、視覚効果で顔がきゅっと上がって見えます。

位置が低いと、どこか幼くコミカルな印象になってしまうのでご注意を。

頬にぽっと色が入るだけで、顔全体にいきいきとした雰囲気が漂うもの。だから私は、アイメイクをしない日でも、チークだけは入れるようにしています。

チークの入れ方

「若いころは逆三角形だった顔が、年齢とともにたるんで
三角形になってしまった」というケースは多いもの。
重心が下に来ると、どうしても老けて見えてしまいます。
そんなときはチークの入れ方にひと工夫を。
色や質感、入れる位置によって顔をキリリと
フレッシュに見せることができます。

若々しい印象の顔

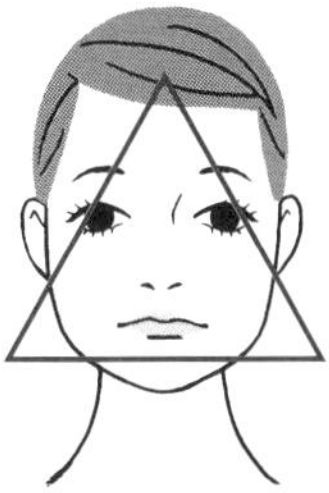

老けた印象の顔

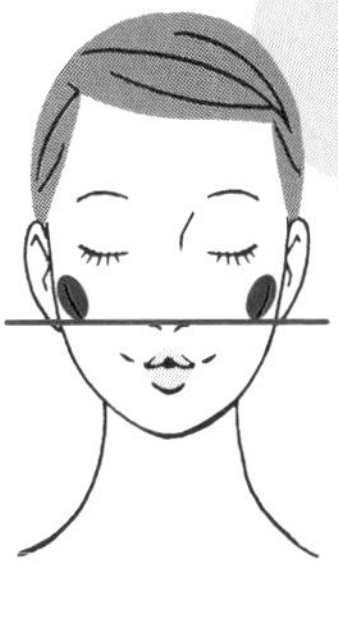

1｜引き締まった印象をつくるには、おちょぼ口をしたときに出る頬骨に沿って描くこと。指の腹を使って、肌になじませる。

2｜一段濃い練りチークを中ほどに重ねると顔にメリハリが。小鼻と耳の付け根を結んだ線より下だと幼い印象に。

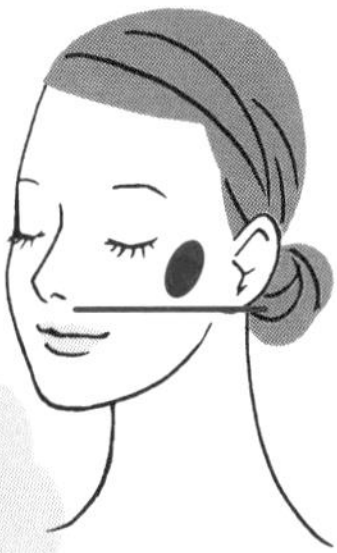

「ついでケア」で手肌やひじもツヤツヤに！

美容雑誌に出てくるモデルさんの条件として、手肌の美しさというものがあるそうです。確かに、どんなに顔がツヤツヤでも、頬にクリームを塗る手がくすんでいては、きれいから離れてしまいます。ハンドケアで大切なのは、使うハンドクリームの値段などではなく、日々どのようにお手入れをするか。

基本は石鹸を使ってこまめに手を洗うこと。そして朝晩1回ずつでいいので、**手の甲から関節、そしてささくれができやすい爪の両サイドや甘皮まで、丁寧にハンドクリームを塗りこみます。**また、手の甲のシミを気にする方は多いようです。外出の際は手にも日焼け止めクリームを塗り、シャツの袖などで甲をカバーしましょう。

また黒ずみやざらつきが出やすいひじは、**1週間に一度のスクラブ洗顔（59ページ）のタイミングで同時に角質ケアを行い、顔に使ったローションパックをひじに移動させたら、ラップを巻いて5分。これだけで透明感が違ってきます。**自分の視界には入らなくても、人には見られているひじ。こういうところをこまめにお手入れしている女性こそ、私は本物だと感じます。

手肌・ひじケアでさらなる艶を

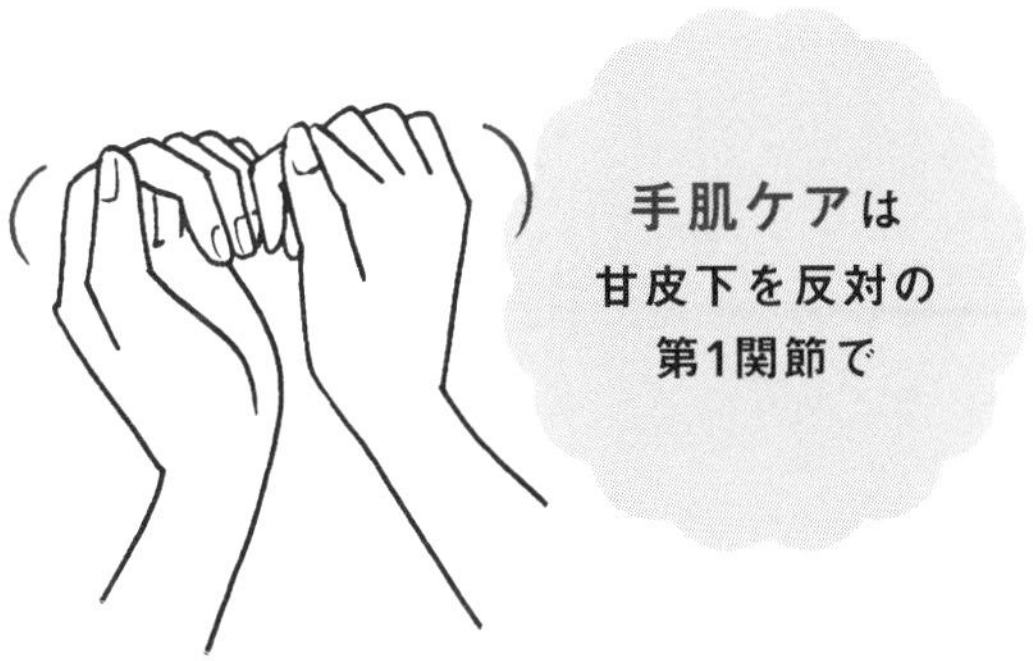
手肌ケアは
甘皮下を反対の
第1関節で

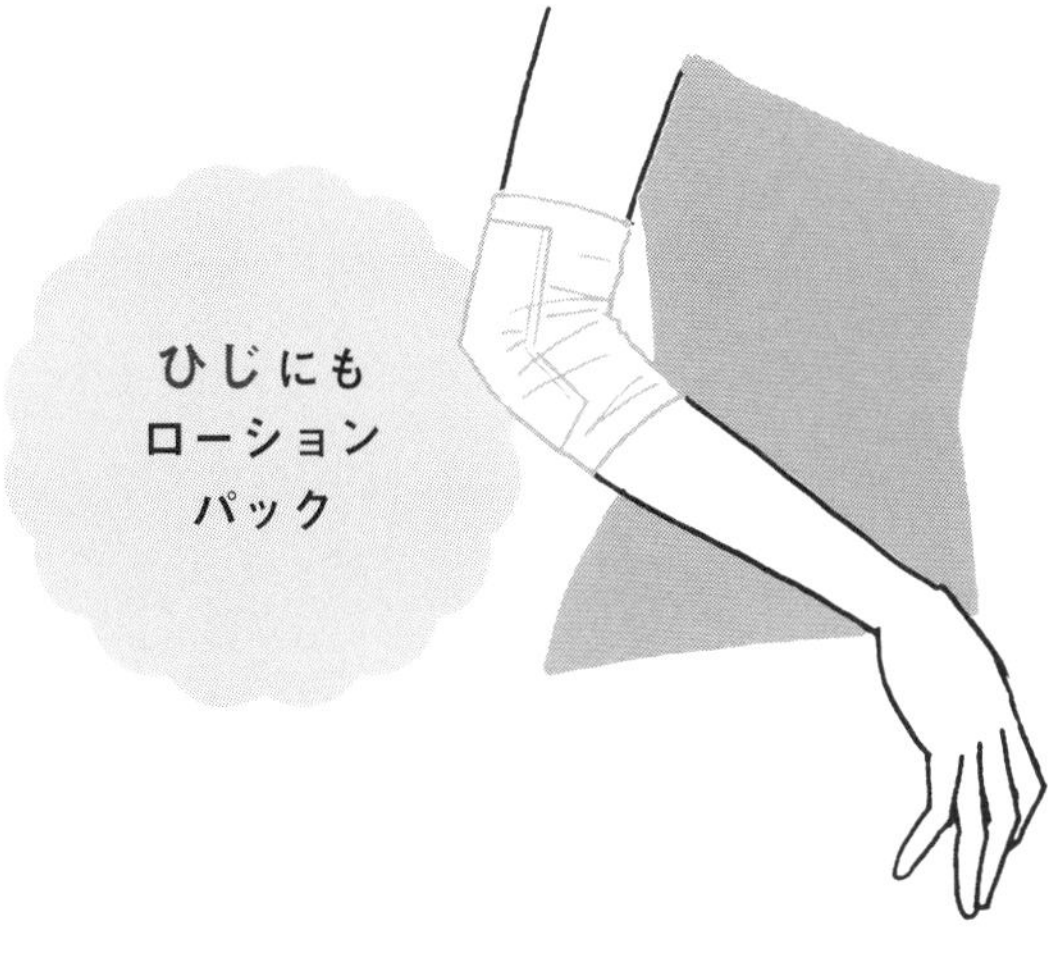
ひじにも
ローション
パック

白目と歯がキレイなら、艶肌はさらに映える

白目や歯といった白い部分をキレイに保つことは、どんなメイクよりも顔を若々しく見せてくれます。「魚は目を見て買え」といわれるように、目は生き物の鮮度を表す場所。そのために体の中を整えるのはもちろんですが、私はアイクレンジングの一環として、目薬を使うことをおすすめしています。

アイシャドウやマスカラが混入したり、手でこすったりして目は案外汚れているもの。**メイクを落としたあとは、目薬をさして目の中も洗浄しましょう。**

また、口臭が気になりだしたら、**こまめにうがいを行います。**さらに私の場合、歯ブラシは1〜2週間に1本のペースで取り替え、3分かけてすみずみまでブラッシング。ときにはあら塩を使って歯茎のマッサージもします。

ちなみに子どものころから歯だけは丈夫な私は、今もすべて自分の歯です。ただし、お客様の前に出るのに歯が汚いのは嫌だと思い、ひと月のお給料が1万3000円のころに1本4万円のセラミックをかぶせました。「お給料の3ヵ月分！」と腰を抜かしそうになったので、今でもよく覚えているのです。

目と歯のケアでさらなる艶を

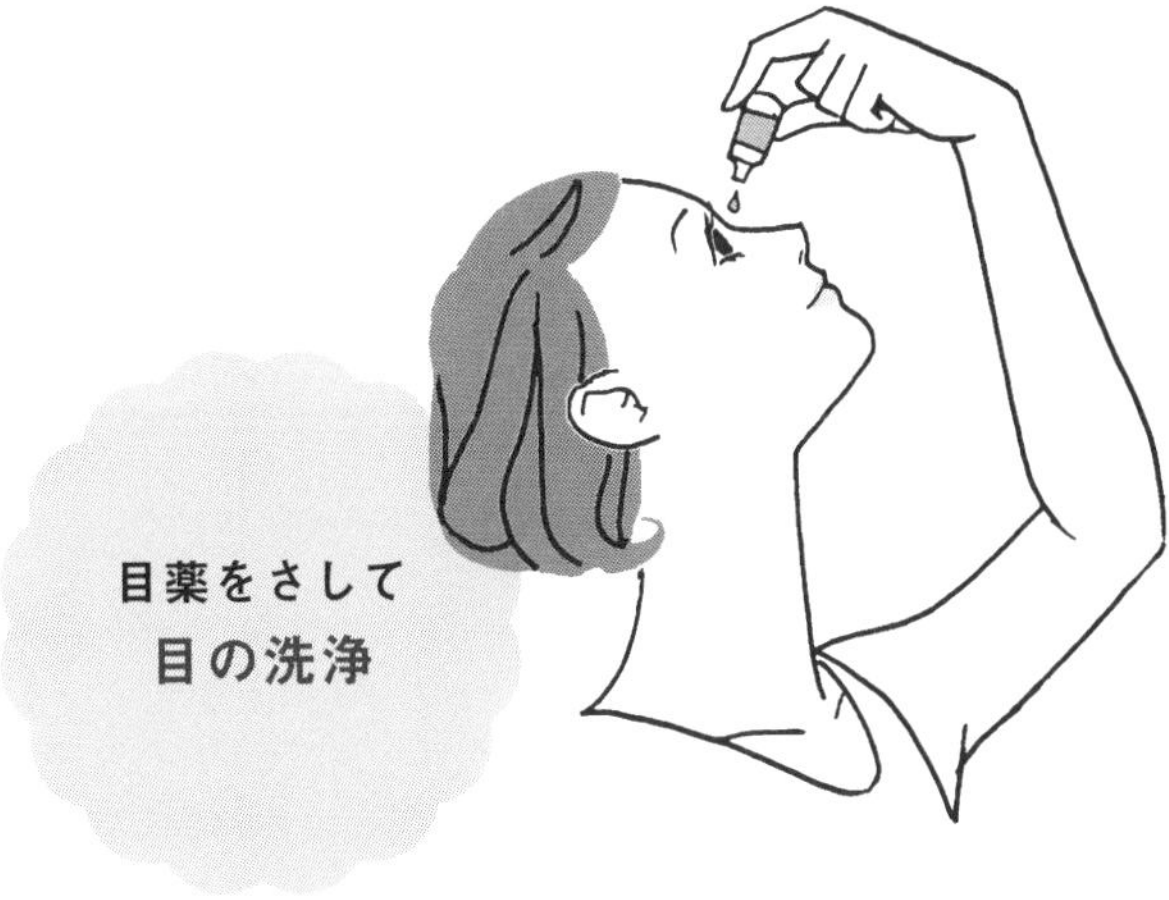
目薬をさして
目の洗浄

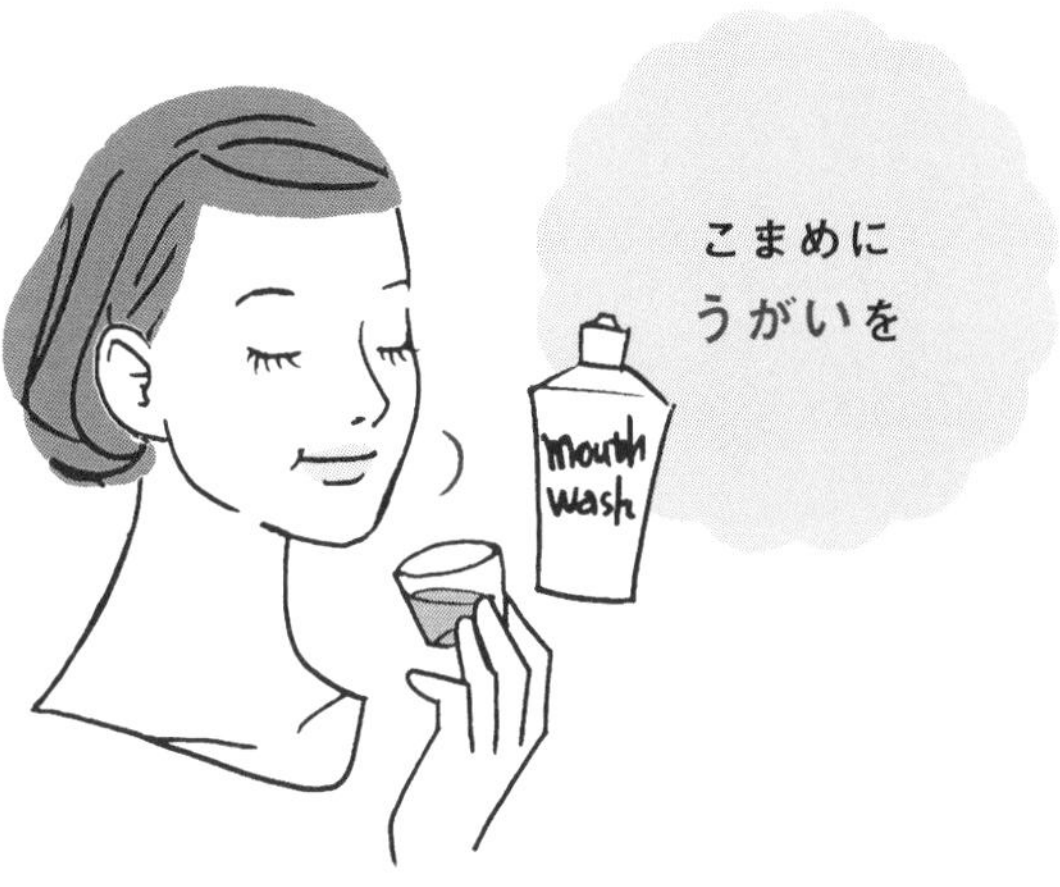
こまめに
うがいを
mouth
wash

くすみ飛ばしの三種の神器

「今日はちょっと顔色が冴えないわ」そんなとき、**手軽に肌をパッと明るく見せることができるテクニック**をお教えします。

まず、1枚は持っておきたいのが無地の白シャツ。これが光をパーンと跳ね返して、くすみやシミ、シワを飛ばしてくれます。きれいに反射させるため、パリッとした素材のものを選びましょう。襟《えり》を立てれば、首もすっきりとした印象になります。

また、パールのイヤリングも大人の女性の強い味方です。大振りのパールを耳元にポンともってくるだけで顔まわりがぐっと華《はな》やかになりますし、パールはカジュアルなファッションとも相性がいいので、ひとつ持っていると重宝するでしょう。

さらに小物選びで気をつけたいのが傘。細かい花柄などは、見た目は美しくても顔映りという点では疑問が残ります。傘もやはり無地で、オレンジ色など肌色を濁《にご》らせないものを選ぶのがおすすめです。困ったら首元にスカーフを巻くだけでもいい。とにかく顔まわりに明るい色をもってくる。これが、くすみ飛ばしの鉄則です。

くすみ飛ばしの三種の神器

第4章

「キレイ」をつくる5つの法則

1　旬を食べる

「キレイになりたければ食べなさい」

先生、助けてください。そういって私のもとへ駆けこんでくる女性に話を聞いてみると、朝ごはんは食べない、水もろくに飲まない、料理は一切しませんと、スキンケア以前に食事に問題がある場合が多いのです。

だから私は、「顔に何をつければいいですか？」という女性にこう申しあげるのです。**「キレイになりたければ、まずお食べなさい」**と。

皮膚は体の表面を覆《おお》っている膜のようなものだと捉えがちですが、実は立派な臓器。しかも成人の皮膚を広げると畳一畳ほどの面積があり、**人体で最大の臓器**ともいわれているのです。

そんな皮膚には、呼吸機能、排泄《はいせつ》機能、吸収機能、体温調整機能、知覚機能などの機能があり、外部の刺激から内臓を守ったり、汗や皮脂を分泌するほか、痛い・冷たいといった刺激を脳に伝える役目も果たしています。

そして、皮膚は血液から栄養をもらってつくられますから、**食事というのは艶肌《つやはだ》を育てる上でもっとも大切なもの。**事実、私の場合、食事が不規則になったり寝不足だったりすると、翌日必ずくすんだ肌と対面することになります。

食事において私がとくに大切にしているのは、旬《しゅん》を味わうことです。

旬を迎えた野菜や果物は、おいしいのはもちろん、栄養価もたっぷりでお財布にもやさしい。トマトやきゅうり、枝豆などの夏野菜には、ほてった体をクールダウンさせる効果があり、白菜、小松菜、ねぎなどの冬野菜は体を芯《しん》から温《あたた》めてくれる。

旬を味わうというのは、古くから四季に寄り添って暮らしてきた日本人の「食の知恵」なのだと思います。

お取り寄せ歴50年以上の私は、その時期にしか出回らない各地の「お気に入り」を取り寄せて、仲間たちと一緒にいただくのも楽しみのひとつ。

初夏にはさくらんぼ、秋はプルーン……。柿と栗に目がない私は、それらを使ったお菓子が出回るシーズンになると、俄然《がぜん》忙しくなります。

旬のものには美肌パワーもぎっしり。食をおろそかにして、艶肌は得られません。

3ヵ月で肌は変わる

「佐伯さんの好きなものは、肌によいものばかりですね」

栄養学の専門家にそう驚かれたことがあります。その方は若いころ、顔じゅうにできたニキビにひどく悩んでいたそうです。皮膚科の先生からは「あなたはニキビ体質ですね」と告げられ、自分の肌は一生このままなのかと落ちこんでいたのだとか。

ところが、大学で栄養学を学ぶようになると、衝撃的なことを耳にすることに。

「**体質は、栄養学的には3ヵ月で変わる**」

先生の口から飛び出した驚きの真実。その理由もまた興味深いものでした。

人間の体は、成人で約37兆個（かつては60兆個説が主流でした）の細胞からできているといいます。そして1個1個の細胞をつくるのに必要なのが血液。その血液は、私たちが摂取した水分と栄養からできている。つまり、**食べるものを替えれば血が変わり、細胞が変わり、細胞の集合体である体が変わる**というわけです。

「だったら食べ物を替えて、体質改善をしてしまえ！」

そう決意した彼女は、さっそく自分に足りない栄養素を調べ、「食事改革」をしたそうです。

先生がいったことは間違っていませんでした。食事を変えてから1ヵ月目に肌のテカリがなくなり、2ヵ月目にニキビがおさまると、3ヵ月後にはニキビの気配さえ感じさせない肌になったのです。

かつては肌がコンプレックスで、人前に出るのが苦手だったという彼女ですが、現在は管理栄養士としての活動に加え、野菜や果物に秘められたパワーを説く「野菜ソムリエ」として、各地でセミナーを開くなどして活躍されています。

どうも3カ月というのは、あらゆる意味でキーとなる単位のようです。私も、「化粧品を新しいものに替えたら、3カ月は使ってみて」といいますし、ダイエットや筋トレの効果が出はじめるのも3カ月目からだとか。さらに、日本の四季は3カ月ごとですし、付き合って3カ月目に別れるカップルが多いことから、恋愛3カ月説という言葉もあるそうです。

今、肌にお悩みのある方は、まずは3カ月を目標に、体の中からキレイを目指してみてください。

2 左右対称に噛むこと

左右非対称のシワは、不機嫌そうに見える

パッチリとした目に、ふっくらとした唇。確かにきれいだけど、どこか違和感がある……。そんな女性がときどきいます。高さが違う眉《まゆ》、大きさが異なる目、片方が下がった口角《こうかく》といった左右のアンバランスは、顔全体の印象に大きく影響を与えてしまいます。

美しい顔の条件を考えたとき、つい個々のパーツを思い浮かべますが、実はもっとも重要だといえるのが、**顔の左右バランスが整っていること**。そうです、美人の条件として、左右対称（シンメトリー）の顔というものがあるのです。

もっとも男性においても、歪《ゆが》みは喜ぶべきものではなく、事実「左右対称の顔は異性にモテる」のだそうです。

手や足、目や耳など、左右が一対になっているものは本来対称なはず。しかし、遺伝的、環境的にストレスを受けると左右にズレが生じやすい。つまりズレが少なく、左右対称を維持している生き物は、タフで優秀な遺伝子の持ち主である可能性が高いということ。異性が近づいてくるのも当然かもしれません。

もっとも、顔の歪みはたいていの場合、ある日突然発生するのではなく、少しずつ生じてくるものなので、案外自分では気づかないことが多いもの。それをセルフチェックする方法として、私は**「ピエロスマイル」**というものをおすすめしています。

鏡に向かって、サーカスのピエロのように、きゅっと口を横に開いて笑ってみてください。

そうするとほうれい線が左右同じように寄るのではなく、どちらか片方が深いと思います。そちらがたるんでいるほう。また右側のシワが深ければ、おそらく目尻も右が下がっていますし、首の右側にもシワが寄ってくるはず。これが、たるみの連鎖です。

顔の中でもとりわけ口元が左右非対称だと、ほくそえんでいるような、またどこか不機嫌な顔に見えてしまいます。鏡を見るときは、うるおいや弾力、血色などに加えて、顔全体のバランスもチェックしたいものです。

「3分間体操」で歪みをリセット

顔の左右バランスを取るうえで、とくに私が意識しているのが、**噛み癖**です。虫歯の治療をしたとか、噛み合わせによって同じほうの歯ばかりで食べ物を噛んでいると、どうしても使っていないほうの頬が下がって、シワが深くなってきます。

しかし「ピエロスマイル」で顔の左右差に気づくことができれば、ちょっとした工夫でバランスを調整することができます。

私の場合、右で10回噛んだら左で10回という具合に、日頃から**左右の歯を同じように使う**ように心がけています。また、左側の頬が下がってきたと感じたら、あえて左だけで歯みがきガムを噛んで筋肉を強化する。こうしたこまめなケアが意外とバカにできないのです。また、体全体の歪みも、顔のアンバランスと無関係ではありません。足を組む、頬杖をつく、バッグを持つ手がいつも同じ。また、テニスやゴルフといった趣味をお持ちの方は、使う筋肉が偏《かたよ》ることで歪みが生じてくることもあるようです。ちょっとした習慣の積み重ねで歪みが生じてしまう体。それをリセットする意味を込めて、私が毎朝欠かさず続けてきたものに、「3分間体操」があります。

朝起きてコップ1杯の水を飲んだら、まずは腹筋、次に四股《しこ》踏《ふ》み、そして最後に、椅子の背につかまって足を後ろに蹴りあげるヒップアップ体操を行うのです。

ただし、20回も30回もやりません。腹筋5回、お相撲さんの四股踏みをアレンジした、股関節《こかんせつ》を伸ばす体操は左右交互で5セット、そして蹴りあげも左右5回ずつ。必ず左右を同じ回数行うというのがポイントです。

忙しい朝やちょっとキツいというときは、「今日はごめんね」と自分に謝って、ピピピッと3回で終わらせてしまうことも。

でも3回やることに意義がある。完全に休むと翌日が億劫《おっくう》になりますから。起きがけの水を飲んだらすぐに行うというのも肝心で、「今日はどうしよう」と考える隙を与えないのです。

そうです、**長続きの秘訣は自分をうまくのせること**です。

3 五感を意識する

五感をうるおわせるものに囲まれて

サロンでお手入れをさせていただくとき、私はお客様から話しかけられない限り、なるべく口を開かないようにしています。また、若い施術者にもそのように指導しています。

照明を落とした室内には、波の音など自然を感じさせるBGMと、ほのかなお香の匂いを漂わせ、タオルやガウンなど直接肌に触れるものの素材にもこだわっています。

なぜそこまでするかというと、**お手入れは五感のケア**だと思っているから。

余計な情報はできるだけシャットアウトし、目、耳、鼻、皮膚、舌という5つの感覚器官をすべて解放してリラックスしていただくことで、トリートメント効果は2倍にも3倍にもなります。

そして私自身も、仕事を終えたら五官を解き放つようにしています。

あわただしく日常を送っていると、いろいろなものが目に飛びこんできて、あっという間に一日がすぎていきます。

そこで仕事に忙殺されないためにも、50歳をすぎたらほっと落ち着ける場所を手に入れようと思い、大きな窓から運河を見渡すことができる現在の住まいを選んだのです。


春には満開の桜、夏には花火を眺めることもできる窓辺のソファに腰かけ、お気に入りの音楽を聴《き》きながらのんびりと過ごすのが、私にとって至福のひととき。

リビングには水がちょろちょろと流れる鉢を置き、大好きなカサブランカをはじめとする生花と、お香を欠かしません。そして部屋のあちこちにあるのが陶芸作家・有川京子《ありかわきょうこ》さんの作品、蓮《はす》の葉に蛙《かえる》がちょこんと乗った姿が愛らしい「カエルシリーズ」。

ここに身を置くと心からリラックスして五感がうるおうのは、都会にいながら子どものころに過ごした滋賀の田舎を思い出すからです。家の周りにはたくさんの蓮が自生し、蓮の葉を傘の代わりにしたり、お皿に見立てて塩をのせ、きゅうりやトマトを食べたりしました。

日本には、風鈴《ふうりん》の音色で涼しさを覚え、赤とんぼの姿を見て秋の訪れを感じるという繊細で豊かな文化があります。**視覚、聴覚、嗅覚、触覚、味覚——五感が豊かであるほど、人は想像力に満ち、人に対する思いやりをもてる**と思うのです。

化粧品は頭ではなく「心」で選ぶ

五感すべてを刺激して、人間の感性を豊かにしてくれるのが、食事という文化です。だから結婚相手を探している女性に、私はこう忠告するのです。

「お相手には、おいしいものを食べに連れて行ってもらうこと」「おいしい？と聞いても、まずい？と聞いても『うん』と答える男性はダメよ」と。

味覚音痴は五感音痴。一方、味覚の鋭い人は、花を見れば「キレイだね」とか「いい香りだね」といえる人なのです。

私の主人は無口なタイプでしたが、「今日の煮物はどう？」と尋《たず》ねれば「出汁《だし》がきいていて、おいしいよ」と答えてくれる人でした。

五感を研ぎ澄ませると、自分の体が今、何を欲しがっているのかを自然にキャッチできるようになります。ところが今は栄養素やカロリーで食べ物を選ぶ傾向がありま す。

「最近ビタミンCが足りないから、ブロッコリーを食べよう」ではなく、本来はもっと本能的に自分に必要なものを見極《みきわ》める力を私たちはもっているはずなのです。

実はこれ、化粧品選びにもあてはまります。

化粧品会社に勤めていたころ、店頭でときどきこんな質問をされるお客様がいらっしゃいました。

「ビタミンCが配合されている化粧水はどれかしら?」「この美容液の成分表を見せてくださる?」

もちろん成分表はすべてご用意していますが、その化粧品に触れるわけでもなく、香りをかぐわけでもなく、まず成分から入るというのが私には不思議でならない。そういう方に限って、自分の肌タイプを聞かれてもわからないというのです。

私はクリームを求めにいらしたお客様には、すべての種類のクリームをカウンターに並べ、好きなだけ試してもらい香りもかいでいただきました。そして、**「これが好き！」という直感を最優先**して、その方にふさわしいものを絞りこんでいきます。

化粧品を選ぶときはぜひ、頭で考えるのではなく「心」で感じてください。もちろん成分も大切ですが、その前に化粧品に惚れることができないと、お手入れを長く続けられないのです。

大切なのは、何かを見て美しいと感じ、いい香りだと感動し、そしておいしいと思う心。

五感を閉じてしまっている人、心が動かない人は何をやっても効果が得られません。

4

両手を使う

手は最高の美顔器です

「あなたの手、ぽちゃぽちゃとしてとっても気持ちがいい。まるでお相撲さんの手みたい。次もお願いね」

美容の世界に足を踏み入れて間もないころ、私のハンドマッサージを受けたお客様にかけていただいた言葉です。

「私のお手入れを、気持ちいいといってくださる方がいる！」

プロとして少しは認められたような気がして、飛びあがるほどうれしかったことを覚えています。

以来50年以上、私は自分の手とともにこの世界で生きてきました。

あるときはセンサーとなって肌の情報をキャッチし、またあるときは自らの体温と湿気でスチームアイロンと化して、肌のキメを整えてくれる。手ほどすばらしい道具はありません。

ですから私のサロンでは、トリートメントにおいては一切機械を使わず、手による施術にこだわり続けていますし、ご自宅で行っていただくための佐伯式スキンケアも**両手を最大限に使う**ことを基本としています。

化粧品会社に勤めていたころ、私はお売りする製品をどうすればもっとも効果的にお客様に使っていただけるかを常に考えていました。

たとえばクリームは、手のひらで温めてから肌にのせたほうが、そのまま使うよりも浸透しやすい。アイクリームを塗るときはピアノの鍵盤をたたくように、目の下を指先でポンポンとマッサージしながら行うと、血行がよくなりクマの予防にもなります。

これらはすべて、お客様の肌に触れながら現場で学んだこと。そのたびに、「やっぱり手ってすごい」「特別な力が宿っているんだ」と、手の底知れぬパワーを確信していきました。

手のひらでそっと自分の顔を包みこんでみてください。ホッとするような心地よさが広がりませんか。この温《ぬく》もりややさしさが肌だけでなく心も癒《いや》してくれる。手は最高の道具であるだけでなく、人の心を動かしエネルギーを与えてくれる存在でもあるのです。

私たちの肌は毎日同じではありません。季節や気候、時間や体調によって刻々と変化していきます。

ぜひ毎日、自分の顔を見て、両手で触れて、肌の声に耳を傾けてみてください。

手を添えれば慈しむ心が生まれる

プラネタリウムの技術者をしていた主人のアメリカ赴任にともない、サンフランシスコから車で30分ほどの場所にあるコンコードという街で、2年ほど暮らしたことがあります。

当時28歳。好奇心いっぱいの私は、近くのスーパーマーケットに出かけては店員さんに話しかけて、英語をひとつ覚えて帰る。また生地屋さんを巡ったり現地の化粧品事情を調査したり。週末は愛車のカマロを走らせ、ゴールデンゲートブリッジに行くのが私たちのお気に入りでした。

道路も車も建物も、そしてコーラも、何もかもスケールが大きい。そして必要以上に他人の領域に踏みこまない、個を尊重するアメリカ文化は私にとって心地のよいものでした。

それと同時に外から自分の国を見ることで、日本の心、日本の文化のすばらしさにも気づかされました。

懐石料理にもみじの葉ひとつあしらう心づかい、季節を先取りして生地や色柄を楽しむ着物の世界……。私たちが当たり前だと思っていることは、実に情緒があって奥ゆかしい独特の美しさを放っていることを知ったのです。

そんな和の美しさを象徴するもののひとつに、「両手を使う」というマナーがあります。たとえば、訪問したお宅で手土産を渡すとき、まず品物を自分の正面に向けて熨斗《のし》などを確かめ、相手の方の正面に向くように時計回りに180度回転させてから差しあげます。

これは、「取り回し」という作法ですが、一連の動きはすべて両手で丁寧《ていねい》に行います。また、お茶を注いだり、握手をしたり、扉の開閉といったちょっとした日常のしぐさも、反対の手を添えることで、そこに心が込められ、所作も美しく見えます。

美容においても、たとえば、片手でサッとリキッドファンデーションを塗ったときと、両手を使って丁寧に塗りこんだときでは、仕上がりがまったく違ってきます。また、美容液やクリームを塗るときに、あらかじめ右頬、左頬、額、鼻、あごの5ヵ所に割り振っておくようお伝えしているのは、両手をフルに使えるようにするためなのです。

厳しいことをいえば、片手しか使わないから片手間の顔。大切なのは自分の両手を使って肌を慈《いつく》しみながら、その温もりを丁寧に伝えることです。

日本人ならではのきめ細やかさは、肌づくりにも生きてきます。

5 続けること

続けた人だけが、キレイのご褒美をもらえます

手軽にできる。お金がかからない。特別な道具がいらない。

これが佐伯式ケアの3大特徴です。私自身、せっかちで面倒くさがり屋。だから毎日のスキンケアはできるだけシンプルにしたかったのです。

ポイントは押さえて、合理化できるところはする。そして効果がハッキリわかる。それなら毎日続けることができるはずだと。

肌のお手入れにおいては、とにかく続けることが大切です。

けれども女性は、続けることが大の苦手。美容に関していえば、新しい化粧品が登場したり、ユニークな美容法が現れるとつい浮気をしたくなる。地道なケアをコツコ

ツと長く続けられる人は案外少ないのです。

かつて私のお客様で、シミのケアをコツコツと1年間続けて、５００円玉大のシミを50円玉の穴のサイズにまで小さくした女性がいました。

そうしたら、髪型が変わり、服装が変わり、表情まで明るくなって、「人生変わりました。佐伯さん、ありがとう」とお礼をいってくださった。これは、その方が１年間続けたことへのご褒美《ほうび》。肌はちゃんと応えてくれるのです。

また私がクリスチャンディオールに在籍していたころから20年以上、月に一度、私のお手入れを受けにサロンへいらしてくださるお客様は、ご自宅での朝晩のローションパックも長年続けてくださっています。

その方の年齢を感じさせない艶々とした肌を見るにつけ、「続ける」とはこういうことなのだと頭が下がる思いでいます。

当たり前のお手入れを当たり前に、コツコツと続けた人だけが、思い描いた肌を手に入れることができる。

あきらめる人、素直じゃない人は、どんどん肌の輝きが薄れます。そして、何をやってもダメだから、また違う化粧品や美容法に乗り換える。永遠にキレイのギフトをもらうことができません。

ダイエットも艶肌も成功の秘訣は同じ

ダイエットマニアでもある私は、これまでにさまざまなダイエットに挑戦してきました。

最終的にたどり着いたのが、9品目をバランスよく食べる和田式食事法。これは、自身も肥満に苦しんでいたという和田《わだ》静郎《しずお》さんが1956年に考案したもので、肉・魚・貝・海草・豆類・卵類・乳製品・野菜・油脂を毎食とり、炭水化物を絶つというものです。

一方、惨敗したのが食べないダイエットで、レタスとトマトだけの食事を続けていたら、栄養失調で倒れてしまいました。

ひとつのダイエットを長く続けていると、途中でブラックホールに入るというか、体重が思うように落ちなくなる時期が来ます。

そのときに、「どうしてやせないの？」「こんなにやっているのに」と自暴自棄になると、よい結果につながりません。

それと同じで、スキンケアでも短気を起こしたり、肌を責め立てたりするとキレイになれないのです。

艶肌づくりに近道はありません。でもやった分だけ必ず結果がついてきますから、ぜひ肌を育てることを楽しんでください。

そして、「キレイになったら、あのワンピースを着よう」「あの人と会おう」などと、未来の自分をリアルにイメージする。するとキレイのスイッチがバチッと入り、お手入れの効果も違ってきます。

私の場合、朝起きて鏡をのぞきこんだときに肌の調子がよければ、「あら、なんだか今日はキレイじゃない」と、声に出して褒《ほ》めます。そうすると肌は機嫌がよくなっていうことを聞いてくれる。

そうです、**肌は褒められると伸びるタイプ**なのです。

お手入れを長く続けるために必要なこと。

それは、肌をキレイにすることを義務だと思わずに日々、**自分の変化を楽しむこと。**

そして肌を褒めまくること。

事実、私もこうして肌のピンチを乗り越えてきたのです。

＋α

恋をする

あなたはすでに最高の美容液をもっている

肌と脳はつながっている……。何の科学的根拠もないけれど、それをデータで証明しろといわれても困るけれど、これまでの50年以上にわたる美容人生で、20万人の肌に触れてきた経験から私はそれを本能的に感じ取り、その確信は年々強くなっていきました。

そして「皮膚と脳は根っこが同じだから、想いは肌に通じる」という意味を込めて、これを「**皮脳同根**」とネーミングし、みなさんにお伝えしてきました。

ところが最近になって皮膚科学の第一人者である傳田《でんだ》光洋《みつひろ》先生が、「科学的に見ても皮膚と脳は細胞の由来が同じなので、皮脳同根は正しい」といってくださったのです。長年いい続けてきたことが間違っていなかったとわかり、うれしかったですね。

「想いは肌に通じる」ということを私が強烈に実感したのは、今から40年ほど前。半年後に結婚式を迎えるというお嬢さんのお手入れを任されたときでした。20歳そこそこの未来の花嫁さんは、ニキビが花盛り。「これを何とかしてほしい」「きれいな肌で式を迎えたい」というのが彼女の強い願いでした。

その夢を叶《かな》えてあげたい。けれどもそれが、決して簡単ではないことも私はよくわかっていました。サロンのお手入れだけではとても無理……。悩んだ末、私は1週間ごとのプログラムをつくり、それを忠実に守ってもらう約束を彼女としました。

「よし、やりましょう。この通りにやれば絶対に大丈夫だから。でも、あなた自身が本気にならないとダメよ」

その日から彼女と私との二人三脚が始まりました。

「この時期には、野菜と果物をしっかり食べて」「生理前は新しい化粧品を使わないこと」「式の10日前になったら背中の毛を剃りましょう」

プログラムはかなりハードな内容でしたが、彼女は弱音ひとつ吐きません。刻々と式の日が迫ってきますから、2人とも必死でした。

3ヵ月がすぎたころ、彼女の肌に変化が出はじめました。顔じゅうにあったニキビが1つ、2つと姿を消し、半年後にはニキビの面影《おもかげ》すらなくなったのです。ついに夢が現実となった！　2人で抱き合って喜びました。

「こんなによく撮れました。みんながキレイだと褒めてくれました。本当にありがとうございます」

一通の手紙が私の元に届いたのは、式から2週間ほど経ったときでした。同封されていた写真に映っているのは、満面の笑みを浮かべた幸せそうな花嫁さん。ニキビで悩んでいた半年前とはまるで別人です。

このとき、私の目からひとすじの涙がこぼれました。肌がキレイになったという事実はもちろん、つらい日々を乗り越えて彼女が自分の願いを叶えてくれたことが、私には何よりもうれしかったのです。

そして確信しました。「肌を変えてくれるのは、化粧品ではなく気持ちなのだ」と。

サロンでお手入れをさせていただくとき、私たちプロがどんなに思いを込めてお手入れをしても、施術を受けるご本人に「キレイになりたい」という気持ちがないと、残念ながら肌は応えてくれません。

脳が先にフリーズしてしまったら、効くものも効かないのです。

実は、最高の美容液はみなさんの心の中にすでに存在しています。そのスイッチを押すかどうかはあなた次第。**化粧品を替える前にまず、心を変えてください。**

マイケル・ジャクソンのポスターを部屋に貼るわけ

「皮脳同根」「心の美容液」をもっともストレートに実感できるのが恋です。

こちらは、**ときめきという名の美容液**ですね。恋をしている女性はどうやったってキレイです。たとえそれが叶わぬ恋でも。

好きな人のことを想うと人の脳は活性化します。アドレナリンがたっぷり分泌されます。瞳はウルウル、頬はバラ色、そして顔全体に艶っぽさが出てくる。まさに恋は美の妙薬です。

私の場合、少し前ならヨン様、最近はちょっと疲れたときに福山雅治《ふくやままさはる》さんの曲を聴《き》いてうっとり、癒されるのです。

そして今、わが家の寝室を彩るのがマイケル・ジャクソンのポスター。実は私、マイケル主演の映画「THIS IS IT」を、映画館で17回も観るほどのマイケルファン。

ポスターを貼ることで彼の面影をいつでも感じることができ、勝手にアドレナリンが出てくる。

こんなに安全かつ経済的な美容液ってあるでしょうか。みなさんもお手入れをするときにはぜひ、好きな男性を思い浮かべてみてください。間違いなくメイクのノリがよくなりますから。

第5章

いつまでも美肌！

二度の美肌革命

私の人生において、これまでに二度の「美肌革命」がありました。

最初は中学1年生のとき。きっかけは些細《ささい》なことでした。

居間のテーブルに無造作に置かれていた一冊の雑誌。それは母が愛読していた映画雑誌でした。何気なく手に取りページをめくっていくと、ある写真に手が止まり、私はカミナリに打たれたようにその場で動けなくなってしまったのです。

小さな顔に、透き通るような白い肌。そしてクリクリとした大きな瞳でじっとこちらを見つめている、その女性の名はオードリー・ヘプバーン。1953年、映画「ローマの休日」の主役に抜擢《ばってき》され、その愛らしさで世界じゅうの人々を虜《とりこ》にしたベルギー生まれの女優さんです。

「世の中にはこんなきれいな人がいるんだ」

たちまち彼女に魅了された私は、その場で「オードリーになる！」と宣言。所属していたソフトボール部を翌日に退部し、室内競技の卓球部に転部しました。

そして幼いころから男の子と一緒になって野山を駆け回っていた活発な少女は、仲間が楽しそうに海水浴やハイキングへ出かけるのを横目にひとり映画を観たり、本を読んだりしているちょっと変わった女の子へと変貌していきました。

屋外での活動をやめ徹底的にお日さまを避けるようになったのは、先にもお伝えした通り、ガーデニングで真っ黒に日焼けし、顔がシミだらけだった母の姿を見ていたからです。

そのころは今のように立派な化粧品もありませんでしたし、まだ10代なのでお金もない。私はお湯で温《あたた》めたタオルと、水で濡らしたタオルを顔に交互に当てて肌を活性化させたり、あるときは梅田のドラッグストアで、ひじやかかとの角質をこすり落とす角質取りのようなものを買ってきて、顔じゅうにあったそばかすをこすり落とそうと試みました。

「ひじ・かかと以外には使わないでください」と書いてあったけれど、そんなことはおかまいなし。今考えると恐ろしいことですが、そのころは必死です。

その思いが通じたのでしょうか、数年後には私の顔からそばかすが姿を消し、浅黒かった肌も白く生まれ変わりました。

誰に教わったわけでもない、オードリーに近づきたい一心で編み出した無謀ともいえる自己流のお手入れでしたが、それでも確かな手ごたえを得ることができた。「キレイになると信じて根気よくお手入れを続ければ、顔って変わるんだ」ということを、少女ながらに確かに感じ取ったことを今でもよく覚えています。

二度目の美肌革命は、44歳のときです。これは佐伯チズが味わった「肌地獄」として、さまざまなメディアに取りあげていただきましたが、改めてご紹介させていただきます。

飲む・打つ・買うをやらない。誰に対しても平等で、寡黙《かもく》だけれど心根の温かい主人は私にとって理想の男性でした。お互い事情を抱えた家で育ったので、幸せな家庭を築こうという気持ちは人一倍強く、結婚してからの私は主人がすべてでした。

そんな最愛の人が肺がんでこの世を去ったのは結婚から17年目、私が42歳を迎える直前のことです。

主人が肺がんを発症したことがわかると、私は当時勤めていたフランスの化粧品会社、ゲランを退職し、ありったけの精力を主人の看病に注ぎました。

「とにかく生きてほしい」「絶対に死なせたくない」という一心で、あらゆる民間療法を試し、主人が好きで体にいいものを三食つくって食べさせました。

しかし発症から1年半後の1985年5月1日、「チーちゃん、今日はどうして朝からこんなに採血するの?」という言葉を残して、主人は旅立ってしまったのです。

実は主人を亡くしてから1年間のことは、ほぼ記憶にありません。

何を食べ、いつ眠って、どう暮らしていたのか。私のあまりの憔悴《しょうすい》ぶりに、「これは一人にしておけない」と駆けつけてくれた母によると、主人のパジャマを着て部屋にこもり、ポリポリとお骨を食べながらひたすら泣き続けていたそうです。

また、あるときお風呂からなかなか出てこない私を心配して母が見に来ると、首までお湯に浸かった状態で眠りこけていて、溺《おぼ》れる寸前だったといいます。

そんな抜け殻状態だった私に活を入れてくれたのが、心配して様子を見に来てくれた親友でした。

「あなたチーちゃん？　お母さんじゃないよね。どうしたの？　自分の顔を見てごらんなさい」

聞き覚えのある声にふと我に返り、ひさしぶりに鏡を見ると、目元にはドレープのようなシワが寄り、顔はくすんでパサパサ。そこにいたのは紛《まぎ》れもない「老婆」でした。

「このままではいけない」

ようやく目が覚めた私は、「これからは、一人で生きていかなければならないんだ」「主人はキレイなものが大好きな人だった。こんな姿を見たら悲しむわ」と一念発起し、死に物狂いでお手入れを始めました。

幸いゲラン時代に買いこんでいた化粧品が、家の中にたくさんあります。

「お願いだから元の肌に戻してください」「これまで放っておいてごめんなさい」と化粧品に思いを込めながら、祈るように日に三度も四度もローションパックをしました。

そして、これなら人様の前に出ても大丈夫と自分で確信し、ふたたび美容の世界に舞い戻ったときには、主人の死から3年が経っていました。

これが私にとって二度目の美肌革命です。

とくに主人を亡くしたあとに味わった肌地獄は耐えがたいものでしたが、ボロボロの肌を自分で蘇《よみがえ》らせたという経験は、何にも代えがたい私の財産となりました。

あの経験があったおかげで今、「**どんな肌でも絶対にキレイになります**」と**自信をもっていえる**のです。

死ぬまで女を捨てなかった祖母の生き方

美容家の牛山喜久子先生、顔師の橋本直枝《はしもとなおえ》先生、そしてゲランのマダム・リゴプロ……。これまでの人生の中で、私はたくさんのすばらしい女性と出会ってきましたが、この人の存在は格別でした。

1985年、主人がこの世を去って3カ月ほどすると、今度は幼いころから私を見守っていてくれた祖母が亡くなりました。

読み書きもままならず、決して裕福な暮らしをしていたわけでもない。けれども身なりだけはいつもきちんとしている。私の祖母はそんな女性でした。

朝起きると椿油《つばきあぶら》で頭をキレイに整え、野良着でも前掛けでも決して雑に扱うことはしない。生地が破れればツギを当て、いつも清潔にして丁寧《ていねい》にたたんでしまっていました。

誰が見ているわけでもないのに、こうして常に身ギレイにしているということは、女の心構えとしてすごいこと。

「おばあちゃんは年をとっているけどキレイだな、素敵だな」と、私は子どもながらに思ったものです。

99歳で大往生する数ヵ月前まで、祖母は食事もトイレも自分ででき、しっかりしていたといいます。そして私の主人が、がんで闘病生活を送っていることを知ったとき、私のことを気にかけて「代われるものなら、代わってあげたい」と、涙を流してくれたそうです。

そして死ぬ間際、寝たきりになってオムツをするようになると、小さな声で「恥《は》ずかしい」といってうつむき、世話をしてもらうのをしきりに恥ずかしがっていました。生涯つつましさ、女らしさを失わなかった祖母を私は今も尊敬しています。

祖母と私の関係を少しご紹介します。

1943年、第二次世界大戦の真っただ中に、私は満州国・新京(現・中華人民共和国・長春)で生まれました。そして終戦の少し前に日本へ引き揚げてきたわが一家は、大分県穂田《わさだ》村(現・大分市)にある父方の郷に身を寄せたのち、母の両親、つまり私の祖父母がいる滋賀県甲賀《こうか》郡(現・甲賀市)に移り住んだのです。

私が祖父母と暮らしたのは、5歳から高校2年生に上がる前までの11年間。両親ともに健在でしたが、実質的に私と弟は、祖父母に育ててもらったようなものでした。

私の家庭はちょっと複雑でした。極楽とんぼの父は家を出ていったきり不在。母は生活のためにヤミ米ブローカーのようなことをしていましたが、そのうちに男性をつくり、「チズは私たちが育てる」という祖父の鶴のひと声のもと、大阪・曾根崎《そねざき》で小料理屋を営む姉（私にとっての伯母）のもとへ住み込みで働きに行かされたのです。

そんな事情もあって私と5つ下の弟は、祖父母とすでにそこで暮らしていた伯父一家の合計9人の中に混ざって生活をすることになります。

居候の身としてはつらい思いもありましたが、持ち前のこんちくしょう根性で私はそれらを跳ねのけ、野山を駆け回ったり、カエルをつかまえたり、男の子と一緒になってメンコや缶蹴りをしたり。毎日暗くなるまで遊んでいました。そして、何でも負けるのが大嫌いでした。


好奇心旺盛《おうせい》な私は、家に帰ると台所で食事の支度をする祖母のもとにはりつき、「どうしてお味噌汁のお味噌は最後に入れるの？」「大根はなぜ縦に切るの？」など、何でも質問していました。

それを面倒くさがらずに祖母は教えてくれるのです。そして中学生になり、キレイなものに興味をもちはじめると、祖母は「いいことよ。キレイなものにたくさん触れなさい」と応援してくれました。

一方、私に手の大切さを教えてくれたのは祖父でした。今でもはっきりと目に浮かぶのが、毎晩必ず行っていた祖父のしぐさです。

「今日も一日、仕事をさせていただいて、ありがとうございます」

寝る前に祖父は、節々が盛りあがった大きな両手を天井にかざし、こういうのです。そして、「チズ、手は偉いんだよ。働かせてくれ、ご飯を食べさせてくれる」「この手があるから畑仕事ができるんだよ。手に感謝や」と、手の大切さを私に教えてくれました。

これがのちの人生に多大な影響を与え、「**ゴッドハンドを持つエステティシャン**」と呼んでいただける日が来るとは、当時の私は知る由もありません。

また、両親不在、居候の身であることを近所のガキ大将にからかわれたときは、「人にいわれたら腹が立つけど、仏様にいわれたと思えば腹は立たんやろ」と諭《さと》してくれ、「ケチと始末（倹約）は違うんやで。自分のことで倹約をするのはいいけど、人様にはケチってはあかん」と、お金の使い方をわかりやすく説いてくれたのも祖父でした。

多感な時期に、まわりの友だちのように両親に甘えることができなかったことは、寂しくなかったといえば嘘《うそ》になりますが、それを補って余りあるほど祖父母は私と弟に愛情を注いでくれました。

まさに人生の師となり、佐伯チズの礎《いしずえ》を築いてくれたのが祖父と祖母。感謝してもしきれない、本当に心のキレイな人たちでした。

美への憧れから人を美しくする仕事へ

「フランスの化粧品はいいわよ。とくにゲランは。ぜひ行きなさい」

美容家の牛山喜久子先生に背中を押してもらい、当時まだ日本に上陸したばかりの知る人ぞ知るブランド、ゲランに就職したのは1967年のこと。

ミノルタカメラ（現・コニカミノルタ）で電話交換手をしていたころに知り合った10歳上のエンジニア、佐伯有教《さえきありのり》さんからのプロポーズを受け、結婚生活がスタートしたころです。

前の晩からピカピカに磨いておいた靴を玄関に並べ、朝はハグとチューで主人を送り出す。そして、朝ごはんの片づけをしたら洗濯機を回しはじめて……という、絵に描いたような専業主婦をしていた私ですが、手際よく行えば家事は午前中ですべて終わってしまいます。

新婚1ヵ月目にして時間をもてあました私は、当時の憧《あこが》れだった新・三種の神器(カラーテレビ、クーラー、自動車《カー》)を少しでも早く揃えたいという思いもあり、たまたま新聞の求人広告で見かけたフランスの化粧品会社、ゲランで働きたい旨を主人に告げます。

当時の常識は、奥さんは家でダンナの帰りを待っているもの。でも主人は「世の中の役に立つ仕事ならやりなさい。ただし、家のことをおろそかにしないという条件つきだよ」と賛成してくれました。

1828年、ピエール・フランソワ・パスカル・ゲランによって創設され、皇室御用達の香水ブランドとして名を馳《は》せたゲラン。現在の佐伯式メソッドの大半は、このゲランに在籍していたのべ15年あまりの間に確立されました。実はローションパックもこのころ、ふとしたきっかけから誕生したのです。

大阪にあるゲランの営業所に勤めはじめた私は、美容部員の指導や化粧品の販売、お客様の美顔サービスなどを任されていましたが、美顔サービスにおいてあることが気になっていました。

お客様のお顔をお手入れさせていただく際、当時、化粧水による整肌はスプレーを使って行っていたのですが、そのときにお客様がぎゅっと目を閉じられるのです。そうすると肩にも力が入ってしまいます。

「本当はリラックスして施術を受けていただきたいのに……」

そう思った私は、化粧水を小さくカットしたガーゼに含ませ、湿布のように顔にのせることを思いつきました。本来なら大量の化粧水が要りますが、あらかじめガーゼを水で濡らしておけば、化粧水の量が少なくてすみ肌の鎮静効果も高まります。

翌日、さっそくその方法を取り入れてみると、お客様は目に力を入れるどころか、ゆったりとリラックスされてとても気持ちがよさそう。しかもスプレーを使っていたころに比べて驚くほど顔がうるおい、次につける化粧品もぐんぐん肌に吸いこまれていきます。

その後、より肌に密着して衛生面でも優秀なコットンを使うようになると、「これならおうちでもできそう。ぜひやってみるわ」と奥さま方の間で、口コミで広まっていきました。

今では全国区となった佐伯式ローションパックは、半世紀近く前に大阪の小さな営業所で産声《うぶごえ》を上げていたのです。

また、「日本は水がキレイだから顔をすぐに洗いたくなるのもわかるけど、年齢を重ねた肌に洗いすぎはよくないわよ」「ゲランの化粧品はそれを必要とする人に買っていただきましょう。若い人に無理にすすめる必要はないの」と、説得力のある言葉で皮膚理論やフランスの化粧品のすばらしさを説いてくれたのは、パリ本社のナショナルトレーナー、マダム・リゴプロで、美容人生において私の核となっているのが彼女の教えです。

ここにいなければ今の私はなかったといっても過言ではない存在、それがゲランなのです。

子どものころは、ただただキレイなものが好きで、雑誌やスクリーンの世界に夢中になり、その中の人に近づきたかった。でも私はゲランで「キレイなものを見る」ことから一歩前進して**「人をキレイにする楽しさ」を学び、さらに「人をキレイにするためには、自分がキレイでなければならない」と自分を高めていく喜びを知りました。**

幼いころのチズアンテナは間違っていなかった。この仕事を選んで本当によかった。

今、心の底からそう思っています。

私の原点となった銀座という街

数々の小説や映画の舞台となり、歌謡曲のタイトルにもたびたび登場する街。

戦後、いち早く復興を遂げ、常に文化やファッションの流行を発信し続けてきた街。

いつの時代も人々が憧れる街、銀座は私にとって特別な場所です。

私が銀座の魅力に初めて触れたのは21歳のとき。

美容の世界に飛びこむ決意をした私は、当時勤めていたミノルタカメラを辞めて大阪から単身上京。目黒にある美容学校に1年間通って美容師の国家資格を取ると、松屋銀座内にある牛山喜久子美容室で働くことになったのです。

東京オリンピックを翌年にひかえた1963年当時の銀座は、活気に満ち溢《あふ》れていました。銀座通り(現在の中央通り)には都電が走り、電車が停まるたびにたくさんの人々が吐き出されていく。また、斬新なビルが立ち並ぶ華《はな》やかな大通りを一本入ると、そこには大人のにおいがプンプンするまばゆいばかりのネオン街が広がっていました。

「すてき! ほかのどの街とも違う」

私の目は、これまで見たことのない世界に釘づけになりました。美容学校での1年、インターンとしての1年、そして就職した牛山喜久子美容室。その間にすばらしい女性たちと出会い、私は人をキレイにすることの楽しさに目覚めていきます。

牛山喜久子美容室にはヘアカットはもちろん、フェイシャル、着付け、マニキュアと各分野の超一流の先生が揃い、いわゆるお金持ちのマダムたちがキレイになっていく姿を日々目の当たりにしていました。

美容のイロハを覚えはじめたばかりの私は、使い走りのようなことしかさせてもらえませんでしたが、先生方に「チズ」「チズ」とかわいがってもらい、無我夢中でたくさんのことを学びました。


もともと私は、「一流」というものに敏感でした。

決して裕福ではない家庭に育ったので、一流に対する憧れも人一倍強かったのかもしれません。銀座という街に身を置くうちに、そのアンテナが激しく共鳴しはじめました。

「これぞ一流だ！　将来何をするにしても、銀座に進出できるようになろう」

いつしか私はそんな夢を抱くようになっていたのです。


それから約40年。ついにその日はやってきました。

２００８年。私を磨《みが》き育ててくれた美容人生の原点ともいえる街、本物しか集まらない凛《りん》とした街、銀座にエステティックサロンをもつという長年の夢が叶《かな》ったのです。

あと1年遅れれば、年齢的に銀行でお金が借りられなくなると周囲にいわれた64歳の春でした。

サロンの名前は、「サロンドール マ・ボーテ」。エレベーターを降りてすぐ目の前に広がるのはレッドカーペット。両サイドの壁にはショーケースを設置し、私が大切に保管してきたゲランやクリスチャンディオールの香水やメイク用品をずらりと展示しました。

どれも芸術品のような美しさで、今見てもうっとりするものばかりです。

そして、ニューヨークの由緒あるサロンのレッドドアをモチーフにした赤い扉を開け、ラウンジに進むと、大きな窓から銀座・中央通りの往来を一望することができます。

またトリートメントルームの一室には、ちょっとした「仕掛け」を施《ほどこ》しました。部屋の照明を落とすと、天井にふわっと星灯りが浮かびあがり、満天の星の下でお手入れを受けているような気分に浸れるというものです。

これはちょっとした私からの愛のメッセージ。ずっと私の仕事を応援してくれていた主人は生前、プラネタリウムの仕事を手掛けていたのです。

これまでに私は、たくさんの人々に支えていただきながら、自分の夢を叶えてきました。でも、私が美容の世界に飛びこんだ場所、そして私を育ててくれた場所、銀座に自分のサロンを構えたときの喜びはひとしおでした。

そして、「ついに帰ってきたわよ」「まだまだがんばるわよ」と、体の奥底からとてつもないエネルギーが湧いてくるのを抑えることができませんでした。

「自分のサロンを出すなら銀座！」「扉はレッドドア！」私の夢はいつだって具体的。決してアバウトではありません。だからすべて叶うのです。

死別、左遷、裏切り。すべてを生きる力に変えてきた

成功も失敗もする人と、成功も失敗もしない人。人間はこの2通りしかないという言葉を聞いたことがあります。

たしかに自ら行動を起こして成功した人は、その陰で数えきれないほどの失敗をしているといいます。一方、何も行動せずにじっとしていれば、成功はつかめないけれ

ど失敗をすることもありません。

では、自分はどちらかと考えると、いや考えるまでもなく前者なのです。そして成功と失敗の振り幅が並外れて大きいのもまた私で、自分の人生は常に白か黒。グレーゾーンというものが存在しません。

「先生が動くと、必ず問題が起きました」。ちなみにこう語るのは、クリスチャンディオール時代の私をよく知るかつての部下です。

今、改めて振り返ってみると、私の人生は本当に山あり谷ありでした。

父不在、母は子育て放棄状態という中で、親族に育てられた子ども時代。

成人して理想の男性と結婚し、夢にまで見た平和な家庭を築いたものの、愛する人の死という形で突然絶たれた結婚生活。

ときを同じくして手形の裏書をして５００万円の借金を背負い、再起をかけて入社したクリスチャンディオールでは、一度ならず三度の左遷《させん》に遭うという運命。

私には不幸の神様でも取りついているのだろうか、と真剣に考えたこともありました。

もっとも、それと同じぐらい幸せも味わってきたので、よくいえば人の2倍人生を楽しんでいるともいえるのですが、まさか70歳を過ぎてから自分の身にこんなアクシデントが降りかかってくるとは思いませんでした。

2008年、銀座に自分のサロンを構えるという長年の夢を叶え、喜びに浸っていたのもつかの間、その7年後に私は銀座を撤退せざるを得ない状況に追いこまれました。約10年間、信用して事業を任せてきた人間に裏切られてしまったのです。

すべては私の脇の甘さによるものなのですが、この一件で、佐伯チズの登録商標、商品、ネーミング、金銭、お客様情報、そして売却せずに残していた、主人との思い出が詰まった大阪の家まで失ってしまいました。

言いわけに聞こえてしまうかもしれませんが、「女性は人に任せきることができない」「余計な口出しをすると必ずもめる」ということを、水商売の世界を見ながら育った私は肌で学んでいたので、一旦人に任せたら口出しをしないというルールを自分に課してきました。

それが今回は裏目に出ました。ボヤのうちに手を打てばよかったものを、気づいたときには大火事になっていて、私はその場に立ち尽くすしかなかったのです。悔しくて、情けなくて、病気ひとつしない私が8日間、寝込みました。柄にもなく、佐伯チズはもう終わったと弱気になりました。

でも、このままふさぎこんでいても何も変わらない。そんなとき頭に浮かんだのは、私のサロンに通ってくださっているお客様の顔、そして私を待っていてくれるスタッフたちでした。

何かに導かれるようにサロンでの仕事に戻ると、まず反応したのは「手」でした。お客様のお顔に触れさせていただいた瞬間、自分の中のスイッチがバチッと切り替わるのを感じたのです。

そして、あれだけ乱れていた心が驚くほどのスピードで静寂を取り戻し、しだいに心が浄化されていくような不思議な感覚に襲われました。

「私には仕事がある」「私の居場所はやっぱりここなんだ」

そのことを確信すると自然に体が動き出し、その先に新たなステージが待っていました。まったく新しい私のブランド化粧品、「チズ・サエキ　ジャパン・ラ・サロン・

コスメ」の誕生、そして寝具、住宅といった分野で美生活アドバイザーとしてお仕事をさせていただくことになり、ひと皮むけた佐伯チズとして復活することができました。

思えば、これまでに私は不幸の山を何度も乗り越えてきました。そして、それを生きる力に変えてきました。これから先も夢を捨てず、**自分を信じて前だけを見ていれば、乗り越えられない山はないと思っています。**まさに、**夢はクスリ、諦《あきら》めは毒**なのです。

56年間続けてきたことが「容道」に

私の仕事を「美容道」と表現してくれた方がいました。

柔道、剣道、茶道、華道……。日本にはさまざまな「道」があります。

道という漢字は、「首」と「しんにゅう」でできています。首は人間を表し、しんにゅうは往来を示すそうです。そこから発展して、人が何度も同じことを反復して得た最高の善を「道」というのだとか。

自分の意識としては、そんなたいそうなことをしているつもりはなかったけれど、気づくと50年以上、私はただひたすら女性の肌と向き合い、知識の蓄積と創意工夫を繰り返しながら、美容の道を追求しつづけてきました。

その集大成ともいえるのが「佐伯式」なのかもしれません。

あえて佐伯式の特徴を挙げれば、茶道のように「作法」があるということです。

たとえば、佐伯式ローションパックなら、コットンの向き、コットンの濡らし方、絞り方、裂き方、穴の開け方、顔への貼り方、そして置く時間まで、すべて型が決まっています。

さらに、化粧品を使うときは「垂《た》れるものから」。

クリームなら「パール粒大」、クレンジングは「さくらんぼ大」を手のひらで温める。

シミにはこのお手入れ、深いシワならこれという具合に続きます。

これらは私がハリウッド式、フランス式の美容法を習得し、20万人の女性の肌と向き合いながら導き出したものなので、理論上この通りにやればキレイになるのです。

そんな私のお手入れ法に対して、ある美容ジャーナリストの方がこんなことをいってくださいました。「肌づくりをまるで料理のレシピのように、リアルにいきいきと語ってくれた」と。

まさにお料理と同じで、失敗をしたくなければレシピ通りにするのがいちばん。実際、クレンジング剤の量が少なかったり、ローションパックをする時間が長すぎると効果は薄れ、結局**佐伯式の「作法」を守ってくださる方がキレイになっていきます。**

そして肌が変わっていくと、「スキンケアってこんなにおもしろいものだったの？」とさらに究《きわ》めたくなる。まさに「道」の世界へ入っていくわけです。

そして、武道でも茶道でも道がつくものが重んじるのが精神性です。

私も茶道と華道を習っていましたが、ただ形だけができていてもそこに心が伴わないと空虚なものになってしまうのです。

私は肌のお手入れにおいても、「キレイになってと唱《とな》えなさい」「肌にごめんなさいと謝って」と、「心」を入れることの大切さをお伝えしています。

美容の「容」という字は、「うつわ」を表しています。美容とは単にお化粧をすることではなく、その容《うつわ》のすべて、**心、姿かたちのすべてを美しくすることが美容**なのです。

そして、私は容を美しくすることを「**容道**《ようどう》」と名づけました。

容道の師範として、手が動く限りやらせていただきたいと思います。

未来のエステティシャンを育てるために

銀座を引き揚げてから意外にも多かったのが、「スクールはもうやらないのですか？」という声でした。

銀座のサロンでは、生徒を確保するのが困難だということでスクールを休校しましたが、実際には私から直接、佐伯式を習いたいというご要望が根強くあったのです。

それに後押しされて２０１６年、東京・品川のサロンで佐伯式の短期セミナーを開いたりしました。

私は美肌師・生活アドバイザーとして活動するかたわら、後進の教育にも力を注いできました。人をキレイにして差しあげることで、自分を磨くこともできる美容の仕事というのはとてもすばらしいもの。だから私は、この仕事に携《たずさ》わる人をひとりでも多く育てたい。私の知識と経験を若い世代に伝えたい。

そんな思いから、開校したのがチャモロジースクール。クリスチャンディオールを定年退職した翌年の２００４年、東京・代々木のビューティータワー内にオープンした私のサロンに、翌年併設する形で始まりました。

チャモロジー。ちょっと聞きなれない言葉かと思いますが、これは**魅力＝チャームを学ぶ**という意味をもつ私の造語。

美容の世界というと、メイクなどで外見を整えることにとらわれがちですが、本当の美しさというのは内面から磨かれていくもの。そこで私は、皮膚と美容の正しい理論と、女性の魅力（チャーム）を同時に学ぶことができる、オリジナルのカリキュラムを作成したのです。

チャモロジースクールにはプロのエステティシャンを目指す人向けの「プロフェッショナルコース」と、「一般コース」があり、プロフェッショナルコースはプロとしての実践的な技術はもちろん、皮膚理論から食の知識、さらに女性としてのマナーやお客様に対するエチケットまでを6ヵ月で習得するという内容。

なかなかハードでしたが、卒業生の中には無遅刻無欠席でカリキュラムをこなし、地元の福岡で念願のエステサロンをオープンさせた60代の女性もいらっしゃいました。

晴れてプロフェッショナルコースのカリキュラムを修了し、私が認定した卒業生には、「佐伯チズ認定ビューティシャン」としてディプロマ（免状）を授与。

そして彼女たちがサロンを開設する折には、できるだけサポートをしてあげたい。

何といっても私の夢は、真っ赤なミニクーパーで全国のおいしいお蕎麦《そば》屋さんを巡りながら、各地でがんばっている私の弟子（エンジェル）たちのサロンを回ることなのですから。

一方、プロを目指すのではなく、佐伯式ホームケアを一から学びたいという方もたくさんいらっしゃいます。そこで、ユーキャンのご協力を得て2020年春にスタートしたのが、佐伯式のお手入れを約3ヵ月で学ぶことができる通信教育、「佐伯式美肌スペシャリスト講座」。

これならどこに住んでいても、子育てや親御さんの介護をしていても、自宅でテキストや動画を見ながら佐伯式ケアを学ぶことができます。

検定試験もインターネットを使って行えるということで、初めての試みに私自身、とてもワクワクしています。

南アフリカのお医者さんとの出会い

今、私のサロンには外国人のお客様も多くいらしています。

世界中からみなさんが来てくださるのは、外国語に翻訳された私の本を読んでくださってのこと。実は私の著書は、英語、中国語、フランス語、ロシア語、ポーランド語、ベトナム語、ブルガリア語など、9ヵ国語に翻訳されて各国で発売されています。

たとえ国は違っても肌のつくりはみな同じ。

だから佐伯式は国籍も性別も年齢も関係なく、世界中のすべての人に通じるはず。

そう頭ではわかっていても、「この本のとおりにしたらキレイになりました」「簡単なのにすごいお手入れを教えてくれてありがとう」といった感動の声がさまざまな国から私の元に届くと、「あぁ、私のしてきたことは間違っていなかった」「世界のみなさんが喜んでくださっている」と、本当にうれしくありがたい気持ちでいっぱいになります。

そして翻訳された私の本を読んで、佐伯式ケアに共鳴してくださった方が、一度でいいから佐伯チズの施術を受けてみたいということで、海を越えてわざわざ私のサロンを訪ねてくださるのです。

なかでも忘れられないのが、南アフリカから来てくださった黒人のお医者様です。私のトリートメントを受けるためだけに来日してくださったというその女性。さっそく施術ルームへご案内し、フェイシャルのお手入れを始めると、声をあげて泣き出すではありませんか。

「こんなに肌をいたわってもらったことはない」「あなたの施術には愛が溢《あふ》れている」と、感動のあまり涙が止まらなくなってしまったのです。

そのお医者様は貧困層の人たちに病院を斡旋《あっせん》する、メディカルコーディネーターという仕事をしているそうです。政治的には平等が叫ばれるようになったものの、南アフリカの貧困層問題は依然深刻で、十分な医療を受けられない子どもたちも多いと話していました。

そして私の『美肌革命』（講談社）の英語版を読んで、これなら貧しい女の子たちにもできると思ってくださったそうです。

海外では医師免許がないと美容を語れないようで、私のような美容の国家資格をもつ人間が、お金をかけずにキレイになる方法や衛生について説くことにも関心をもっていただけた。

彼女との出会いが私に新たな使命を与えてくれました。

キレイになりたいという女性の思いは世界共通。私の美容の技術を世界の人のために役立てたい。私のローションパックなら、コットンさえ手に入れば、安い化粧水でキレイになれるのです。

その決意を示す意味でも、**国際美容家**という肩書をプロフィールに加えました。80歳になったら南アフリカに行って、女性たちにローションパックを教えたい。そして、美容家という立場から、女性がいきいきと仕事ができるような環境づくりのお手伝いをしたい。

そうです、私が今から本当にしたいことは社会貢献なのです。

夢は「世の中のすべての女性をキレイにしたい」

魅力的な唇になるために、やさしい言葉を話しなさい。
愛らしい目をもつために、人のよいところを探しなさい。
スリムな体型のためには、お腹を空かせた人々と食べ物を分かちあうこと。
大きくなったとき、きっと自分にも二つの手があることに気づくでしょう。
ひとつの手は自分を支えるため。

もうひとつの手は誰かを助けるため。

これはクリスマスイブに、オードリー・ヘプバーンが自分の子どもに読みあげたという詩です

私が社会貢献に目覚めたのは、本書にもたびたび登場する女優、オードリー・ヘプバーンの晩年の生き方に共感したからです。

「永遠の妖精」と呼ばれ、映画やファッションの枠を越えて世界じゅうの人々を魅了してきたオードリーですが、１９８９年、60歳を迎えると映画界を引退し、かねてから活動をしていた国際連合児童基金（ユニセフ）の親善大使に就任します。

彼女自身、少女時代貧困に苦しみユニセフの前身ＵＮＲＲＡに助けてもらった経験から、後半生は貧しい子どもたちの支援に充《あ》てると決めていたのだそうです。

当時、内戦が続くソマリアやスーダンなどの子どもたちを励ましにいったときのオードリーの姿が、しばしばメディアで紹介されました。それはある意味ショッキン

グな映像でした。

そこに若き日の面影はなく、ポロシャツにコットンパンツというラフなスタイルで活動するオードリーの顔には、たくさんのシワが刻《きざ》まれていたからです。

マスコミ嫌いで知られたオードリーですが、晩年はシワの刻まれた素顔でカメラの前に堂々と立ちました。そして、一部のマスコミがその変貌ぶりをはやしたてても、まったく意に介さずこういい切ったといいます。「私は若かったころよりも、シワだらけの今の自分のほうが好きです」と。

まさに私は、晩年の姿を見てますますオードリーが好きになりました。

多くの女優さんは美容整形の力を借りて、見た目の若さを維持しようとしますが、オードリーはシワを隠そうともせず、自分のすべてを難民の子どもたちを救うことに捧げている。

その姿は、若いころの彼女とはまた違う次元の美しさを放っていました。

また、雑誌の特集で「人生でいちばん好きな自分の写真」を問われ、ユニセフの仕事で出会った子と一緒に撮った一枚を挙げたオードリー。フォトグラファーが修正をかけようかとオードリーに尋《たず》ねたところ、「シワの一本にも手を加えないで。どのシワも私が手に入れたものなのだから」ときっぱり断ったとか。

その潔《いさぎよ》いまでのまっすぐな生き方、他人のものさしではなく自分の美学を貫《つらぬ》く芯の強さのようなものが、すべて彼女のオーラとなって内面から溢れ出ています。

最初はその容姿に魅了されてオードリーのファンになった私ですが、彼女のことを知るにつれてその生き方にも強く憧れを抱き、自分も人生を全《まっと》うするときは、今までたくさんの方からいただいてきたものをお返しするような活動をしたいと思うようになったのです。

56年間、美容の世界で生きてきて確信をもっていえるのは、**キレイになったと自信をもつことで女性は変わることができる**ということ。

そして**肌を磨くことは魂まで美しくする**ということ。

だからこれからの人生は、もっと佐伯式を世の中に発信して、すべての女性にキレイになっていただきたい。
世界じゅうの女性に輝いてほしい。
そのために私がしなければならないことは、まだまだたくさんあるのです。

おわりに

「やぁ、元気？」

私がクリスチャンディオールに入社したころに日本支社長を務めていた、ハンス・カペラーさんというフランス人の男性は、社員とすれ違うたびにこんなふうに声をかけていました。

日本ではあまりなじみのない挨拶の仕方に、戸惑っている社員も多かったようですが、私はいつも満面の笑みを浮かべてこう答えていました。

「元気、元気。元気が取り柄だもん！」

25歳のときに扁桃腺を切除する手術をして以来、入院をしたこともない、点滴を受けたこともない。まさに元気が取り柄だった私の体に異変が起きたのは、昨年の夏でした。何でもない平らな道で、つまずくことが多くなったのです。

実はその少し前に体調を崩し、1週間ほど寝たきりの生活をしていたので筋力が落ちてしまっていたようでした。

それで知り合いのパーソナルトレーナーの方にお願いして、自宅で筋肉トレーニングのようなことを始めたのです。けれども、状態はなかなかよくならず、ついに出張先で転倒してしまいました。


でも大けがをしたわけではないので、それ以降も杖《つえ》を持参して講演会の会場に向かい、ハイチェアに座らせていただいて1時間半、約2000人のお客様の前でお話しさせていただいたりしていました。

けれども、そのしゃべりさえおぼつかなくなってきたのです。それまでのように滑《かつ》舌《ぜつ》よく話すことができません。

これはおかしいということで、年が明けてから病院で告げられた病名が「ALS（筋萎縮性側索硬化症《きんいしゅくせいそくさくこうかしょう》）」。

自分の身に何が起きているのか、すぐには理解できませんでした。

半年前に受けた人間ドックでは、どこも悪いところがなかったのに。

これまで大きな病気ひとつしたことがなかったのに。

ショックを受けたのは自分よりも家族で、私が現実を受け入れるのには少々時間がかかりました。けれども、体が日ごとに変わっていくのはわかりました。

だんだん力が抜けていくのです。今まで立てていたのに、立てないのです。そして、多くの方の肌に触れてきた手や指にも、思うように力が入らなくなっていきました。

でも、幸いなことに頭はしっかりしている。

だからお医者さまは「お仕事はどんどんしてください」と。また長年お世話になっている編集者の方も、「今まで人の4倍も5倍も働いてきたんだから、これからは人並みに働けばいいんですよ」といってくださる。そんな会話をしているときは、何だか元気がむくむくと湧いてくるのです。

私は60歳でメディアにデビューした遅咲きの美肌師です。

だからこそみなさんに「60歳になってもこんな肌でいられるんだ」と夢をもっていただくことができた。

でも、ひとりでも多くの方をキレイにしたいといってきた人間が、こんな姿を人に見せたら夢がなくなってしまう。恥《はじ》をさらすようなことはしたくない。

病気のことを知ったときはそんな気持ちになりました。でも今は、これまで私を育ててくれた美容というもので精いっぱいみなさんに恩返しをしたい、美肌師としての使命を全《まっと》うしたいと思っています。

私の夢は、みなさんの健康、元気、キレイです。健康あってのキレイですから、みなさんもどうぞ体にだけは気をつけて。

体の中から、そして心の中からキレイを磨《みが》いてくださいね。私もみなさんに負けないようにがんばります。

佐《さ》伯《えき》チズ

著者略歴

1943年に生まれる。1967年、フランスの化粧品メーカー、ゲラン入社。1988年、パルファン・クリスチャン・ディオールのインターナショナル・トレーニング・マネージャーに就任。2003年に定年退職後、エステティックサロン「サロンドール マ・ボーテ」を開業。2003年に出版した『頼るな化粧品！』（講談社）は美容界に一石を投じる。その後に出版した『美肌革命』（講談社）は世に「佐伯式」を定着させ、海外からも注目を集める。美肌師、国際美容家として活躍のさなか、2020年3月、ALS（筋萎縮性側索硬化症）発症を公表。難病と向きあいながらも、美肌師としての活動継続。2020年6月5日、逝去。

著書には『美肌生活』『美肌塾』（以上、講談社）、「美肌カウンセリング」シリーズ、「佐伯チズの美肌カルテ」シリーズ（以上、大和書房）、『今日の私がいちばんキレイ』（幻冬舎）などがある。

佐伯式《さえきしき》　艶肌術《つやはだじゅつ》と心磨《こころみが》き

二〇二〇年七月三日　第一刷発行

著者　佐伯《さえき》チズ

発行者　古屋信吾

発行所　株式会社さくら舎　http://www.sakurasha.com

東京都千代田区富士見一-二-一一　〒一〇二-〇〇七一

電話　営業　〇三-五二一一-六五三三　FAX　〇三-五二一一-六四八一

編集　〇三-五二一一-六四八〇　振替　〇〇一九〇-八-四〇二〇六〇

装丁・本文デザイン　アルビレオ

写真　高山浩数

イラスト　池田須香子

編集協力　藤川かえで

組版　株式会社システムタンク（白石知美）

印刷・製本　中央精版印刷株式会社

ISBN978-4-86581-253-4